V&R

Anselm Doering-Manteuffel / Lutz Raphael

Nach dem Boom

Perspektiven auf die Zeitgeschichte seit 1970

3., ergänzte Auflage

Vandenhoeck & Ruprecht

Bibliografische Information der Deutschen Nationalbibliothek

Die Deutsche Nationalbibliothek verzeichnet diese Publikation
in der Deutschen Nationalbibliografie;
detaillierte bibliografische Daten sind im Internet
über ‹http://dnb.d-nb.de› abrufbar.

ISBN 978-3-525-30013-8

© 2012, 2008, Vandenhoeck & Ruprecht GmbH & Co. KG, Göttingen
Internet: www.v-r.de
Alle Rechte vorbehalten. Das Werk und seine Teile
sind urheberrechtlich geschützt. Jede Verwertung in anderen
als den gesetzlich zugelassenen Fällen bedarf
der vorherigen schriftlichen Einwilligung des Verlages.
Hinweis zu § 52a UrhG: Weder das Werk noch seine Teile
dürfen ohne vorherige schriftliche Einwilligung des Verlages
öffentlich zugänglich gemacht werden. Dies gilt auch
bei einer entsprechenden Nutzung für Lehr- und Unterrichtszwecke.
Printed in Germany

Satz: KCS GmbH, Buchholz/Hamburg
Druck und Bindung: Books on Demand, Norderstedt

Gedruckt auf alterungsbeständigem Papier.

Inhalt

Nach dem Crash
Vorwort zur 2. Auflage........................... 7

Einleitung zur 1. Auflage.......................... 25

Zeitgeschichte als Problemgeschichte.................. 25
Arbeitshypothesen für eine Zeitgeschichte nach dem Boom... 30

Kapitel 1: Strukturbruch und gesellschaftlicher Wandel im letzten Drittel des 20. Jahrhunderts................ 33

Die Entstehung der Nachkriegsordnung 33
Die Planung des Fortschritts und das Paradigma der Modernisierung..................................... 39
Sozialliberale Reformpolitik als Signum der 1970er Jahre..... 45
Gegenkräfte und Alternativen......................... 48
Vom Niedergang der Traditionsindustrien zur Krise der »Arbeitsgesellschaft«................................ 52
Die Eigendynamik des Wohlstands..................... 60
Vom Staat zum Markt, von der Gesellschaft zum Individuum . 63
Mensch und Mikrochip im neuen Zeitalter des globalen Kapitalismus 71

Kapitel 2: Sozialwissenschaftliche Diagnosen des Wandels.................................... 75

»Modernisierung«: Evolutionäre Programme für die westlichen Gesellschaften im Wachstum 78
Postindustrielle Gesellschaft und Wertewandel: Begrifflichkeiten der 1970er Jahre...................... 79
Risikogesellschaft und reflexive Modernisierung 85
Postmoderne und radikale Gegenwartskritik.............. 90

»Neue Mitte« und »Dritter Weg«: Die Aufhebung des Links-
Rechts-Gegensatzes 94
Von der »Struktur« zum »Netzwerk«:
Die Informationsgesellschaft im digitalen Finanzmarkt-
Kapitalismus 98
Beschleunigung, Flexibilität und flüchtige Moderne 102

Kapitel 3: Zeithistorische Perspektiven 108

Zeitgeschichte als »histoire totale« 109
Etablierte Forschungsfelder............................. 111
1. Die vergleichende Politikgeschichte Westeuropas seit den
   1960er Jahren...................................... 111
2. Ausbau und Umbau der westeuropäischen
   Wohlfahrtsstaaten 112
3. Neue Armut und Krise des sozialen Zusammenhalts........ 114
4. Begleiterscheinungen und Folgen der Arbeitsmigration in
   Westeuropa 115
Neue Themen einer Zeitgeschichte nach dem Boom 118
1. Industrieunternehmen und industrielle Produktion 118
2. Infrastrukturen der Wissensgesellschaft 121
3. Konsum, Konsumgesellschaft, Konsumentengesellschaft ... 123
4. Geschlechterordnungen und Körperbilder 127
5. Sinnsuche in neuen Erwartungshorizonten 130
6. Umbrüche in der Zeitdiagnose 132
7. Wandel von Leitbegriffen 134

Anmerkungen 139

Nach dem Crash
Vorwort zur 2. Auflage

Als wir das Typoskript im Sommer 2008 abschlossen, war der Crash des Finanzmarkts noch nicht in Sicht. Ein halbes Jahr später hatte er solche Ausmaße angenommen, daß er mit der Weltwirtschaftskrise am Beginn der 1930er Jahre verglichen wurde. Bei einigen Lesern konnte der Eindruck entstehen, als gehe gerade jetzt die Epoche zu Ende, deren Eigenart wir zu beschreiben versuchten. Im Mai 2010 erscheint es jedoch immer weniger wahrscheinlich, daß mit der Krise von 2008/09 die Zeit »nach dem Boom« ihrerseits abgeschlossen sein könnte. Weder ist es nach den international koordinierten Rettungsaktionen der Regierungen und Notenbanken zugunsten »systemrelevanter« Banken zu einer international wirksamen Regulierung der Finanzmärkte gekommen, noch sind die weiteren strukturellen Ursachen, die zur Weltfinanzkrise führten, außer Kraft gesetzt worden. Vielmehr scheint es so, als bewegten sich die Dinge in der bisherigen Bahn weiter. Skeptische Ökonomen fürchten einen erneuten Zusammenbruch des Weltfinanzsystems etwa im Jahr 2015.[1]

Historiker indessen haben keine Kompetenz, gegenwärtiges Geschehen in die Zukunft hochzurechnen. Ihre Aufgabe besteht darin, das Gewordene durchschaubar zu machen und die Entstehungsbedingungen zu erklären. Von heute, Frühjahr 2010, aus gesehen, geht die Entwicklung in ähnlicher Form weiter, wie wir sie 2008 einschätzten. Eines indessen hat sich deutlich verändert. Die historisch-politische Literatur zum Themenkomplex »nach dem Boom« ist kritischer geworden, denn die Auswirkungen, die Kosten der Entwicklung in den zurückliegenden drei Jahrzehnten, nicht nur das Geschehen selbst, geraten inzwischen deutlicher ins Blickfeld. Wir möchten in diesem Vorwort die Thesen unseres Ansatzes noch einmal knapp skizzieren, um uns dann mit den Argumenten der Kritik auseinanderzusetzen und die thematischen Schwerpunkte in der neueren Literatur anzudeuten.

I.

Wir arbeiten mit der These, daß die Herausbildung des digitalen Finanzmarkt-Kapitalismus die wichtigste und wirkmächtigste Kraft innerhalb des komplexen Wandlungsgeschehens bildet, das seit vier Jahrzehnten zu beobachten ist. Damit haben wir entschieden für eine stärkere Beachtung politökonomischer und sozialökonomischer Zusammenhänge in der zeitgeschichtlichen Erforschung dieses Zeitraums plädiert. Das ist von den Rezensenten überwiegend begrüßt, zugleich aber mit der Forderung verbunden worden, einen solchen Anspruch empirisch und begrifflich auch einzulösen. Anderthalb Jahre später ist es noch zu früh, eine Zwischenbilanz ziehen zu wollen. Aber bereits jetzt wird erkennbar, daß eine ganze Reihe neuer Studien und Forschungsprojekte sich der Wirtschafts- und Unternehmensgeschichte der 1970er und 1980er Jahre zuwendet. Der zeitgleich mit diesem Essay publizierte Aufsatzband von Morten Reitmayer und Ruth Rosenberger »Unternehmen am Ende des goldenen Zeitalters« etwa öffnet eine weite Perspektive auf die Zusammenhänge zwischen den Umbrüchen auf betrieblicher Ebene, den Veränderungen im Feld der Wirtschaftspolitik sowie dem Wandel von Leitbildern und Semantiken unternehmerischen Handelns. Im Ergebnis betonen die Studien den Veränderungsdruck, aber auch die Entwicklungsdynamik, die in den 1970er Jahren für Unternehmen, ihre Strategien und vor allem für die Leitbilder ihrer Manager und Leiter charakteristisch war.[2] Ein für den Herbst 2010 angekündigter Band erweitert das Feld der Untersuchungen um den Blick auf die Gewerkschaften und Tarifbeziehungen.[3]

Wir sehen in diesen Neuansätzen eine Bestätigung unserer Ausgangshypothese, daß ein weit gespannter politökonomischer Problemhorizont und ein darauf bezogener Erklärungsansatz erforderlich sind, um der wachsenden Bedeutung ökonomischer Faktoren für die Politik und der zunehmenden Verflechtung von Märkten über politische Grenzen hinweg gerecht zu werden. Unsere politökonomische Ausgangsthese zielt jedoch auch darauf, die Wahlverwandtschaften und Verstärkereffekte in den Blick zu nehmen, die gerade seit den 1970er Jahren mit der Verbreitung marktförmiger ökonomischer Denkmodelle beziehungsweise marktorientierter Ordnungsvorstellungen weit jenseits von Industrie, Handel, Gewerbe oder Finanzen verbunden sind.

Nochmals ist an den Ansatz unserer Interpretation zu erinnern, wonach in der neuen Konstellation des digitalen Finanzmarktkapitalismus drei ganz unterschiedliche Komponenten zusammengetroffen sind und sich miteinander verwoben haben. Es gilt daher, diese drei Komponenten des digitalen Finanzmarkt-Kapitalismus zu beachten und ihr Wirkungsgefüge zu analysieren. Die erste Komponente besteht in der Ausbreitung des Mikrochip als neuem Grundstoff der industriellen Welt sowie der Digitalisierung der Produktion, des Alltagslebens und der Information, der Medien und Kommunikation. Die zweite Komponente besteht im Paradigmenwechsel der makroökonomischen Leitprinzipien: Der nachfrageorientierte, auf soziale Sicherheit und den Ausgleich von materiellen Disparitäten gerichtete Keynesianismus wurde abgelöst durch die angebotsorientierte Theorie des Monetarismus, die in den Wirtschaftswissenschaften von der Chicago School um Milton Friedman vertreten wurde. Uns interessieren die Wechselwirkungen zwischen diesen beiden Komponenten, deren Rückwirkung auf die gesellschaftliche Entwicklung nach 1975/80 und die Dynamik des Wandels seither. Die dritte Komponente besteht in einem Gesellschaftsmodell und Menschenbild, das auf die Entfaltung des Individuums, die schöpferische Kraft seiner Kreativität setzt und in paradoxer Form Authentizität und Flexibilität aufs engste miteinander verbindet. Im Leitbild des »unternehmerischen Selbst« hat dieses Ordnungsmuster wirkungsmächtige Motivationskraft zunächst für kleine Minderheiten, dann aber für eine immer größere Zahl von Menschen entfaltet. Darüber hinaus diente es auch noch als plausibles Legitimationsargument bei der Umgestaltung von Großorganisationen, bei der Neujustierung der Beziehungen zwischen Politik und Ökonomie, zwischen Individuum und Gesellschaft.

Die ökonomischen Leitvorstellungen von John Maynard Keynes stammten aus den 1930er Jahren und wurden von der Erfahrung gesteuert, daß zunächst der Erste Weltkrieg in den Industriegesellschaften das Empfinden von Sicherheit und Vertrauen in die Zukunft zerstört hatte und dann die Weltwirtschaftskrise es erforderlich machte, durch steuerndes Eingreifen des Staates ein neues Gleichgewicht in Wirtschaft und Gesellschaft zu erreichen. Nach dem Zweiten Weltkrieg verfestigte sich das keynesianische Konzept zum Ordnungsmodell des »liberalen Konsenses« im Rahmen der Marktwirtschaft. Der Wirtschaftsboom seit den 1950er Jahren lieferte hierzu die notwendige materielle Grundlage. Erst die wirtschaftliche Umbruchszeit der Ölpreisschocks von 1973 und 1979 stellte diesen Konsens in Frage. Monetaristische Vorstellungen gewannen an Überzeugungskraft, seit die politökonomische Steuerungskompetenz des keynesianischen Modells erschöpft zu sein schien. An dessen Stelle wurde, wirtschaftsideologisch, ein Modell gesetzt, welches dem individuellen Interesse des Kapitaleigners den unbedingten Vorrang einräumte vor dem konsensualen Interesse der Vielen mit unselbständigem Einkommen und dem Wunsch nach sozialer Sicherheit. Die wirtschaftsideologische Rhetorik des alsbald »neoliberal« genannten neuen Modells pointierte allein auf das individuelle Eigeninteresse hin. Das Gemeininteresse der Gesellschaft kam darin nicht vor. Diese Rhetorik bezeichnete das Interesse an persönlichem Vorteil und Gewinn als zeitgemäß und verantwortungsbewußt. Damit qualifizierte sie es als moralisch höherwertig gegenüber der Orientierung am »liberalen Konsens«, der jetzt als überholt, träge und bequem denunziert wurde.

Das Gesellschaftsmodell und Menschenbild, welches wir als dritte Komponente zu beschreiben versuchen, entwickelte sich zunächst als kapitalismuskritische Auffassung, die in dialektischem Sinne gegen die konformistischen Tendenzen der westeuropäischen Gesellschaften während der Wachstumsperiode opponierte. In dieser Perspektive waren die Aufbrüche und Traditionsbrüche von 1968 eben auch die Geburtsstunde eines »neuen Geists des Kapitalismus«,[4] der sich nur dadurch herausbilden konnte, daß er neue Forderungen nach Entfaltung von Kreativität und Autonomie sowie die Kritik an Hierarchie und Bürokratie aufnahm und in neue Managementkonzepte, Unternehmerbilder und Unternehmensziele transformierte. In der Epoche nach dem Boom trafen mithin die ursprünglich einander gänzlich fremden Komponenten der Digitalisierung in Technik und Information, die individualistische Wirtschaftsideologie aus dem Geist des Monetarismus und die neuartige libertäre beziehungsweise künstlerische Gesellschafts- und Kapitalismuskritik aufeinander. Erst dieses Zusammentreffen hat die ökonomische und kulturelle Transformationskraft erzeugt, die den Industriestaat und die Industriegesellschaft gewissermaßen neu konfiguriert hat. Das begann im Übergang von den 1970er zu den 1980er Jahren und wurde ein bis anderthalb Jahrzehnte später in der Breite spürbar.

Seit 1990 verschmolz das Geschehen mit den Auswirkungen des Zusammenbruchs in den Ostblockländern, weshalb in der zeithistorischen Darstellung dieser Faktor als verstärkendes Element mitbedacht werden muß.[5] Der Kollaps der östlichen Volkswirtschaften kam zustande, weil die Anlagen und Produktionsstrategien des alten Industriesystems verschlissen waren und es seit 1970 versäumt worden war, die Produktion an Techniken der Automatisierung und die Computersteuerung anzupassen. Je intensiver der Wandel im Westen wirkte und je mehr sich in den östlichen Ländern Formen der Konsumgesellschaft ausbreiteten, desto mehr nahm der Druck auf Management und politische Klasse in den staatssozialistischen Ländern zu. Unruhen und Protestbereitschaft in der Bevölkerung ließen die längst schon bankrotten Staaten schließlich in sich zusammensinken. Gewiß ist das Ende des Ost-West-Konflikts, ist die Öffnung der abgeschotteten Welt des »Ostens« hoch zu veranschlagen, weil erst danach das Phänomen der weltumspannenden transnationalen Kommunikation von Ideen, Waren und Kapitalien spürbar werden konnte. Aber die Implosion der Ostblockstaaten dürfte durch die technisch-wirtschaftliche Entwicklung im Westen seit etwa 1980 maßgeblich mitverursacht worden sein. Das ist der Grund, warum wir die Entwicklung bis zum Zusammenbruch 1989/90 als »Begleiterscheinung« des Geschehens in den westlichen Industrieländern klassifizieren.[6]

Die Folgen von Öffnung und Angleichung sowie die Basisprozesse der transnationalen Kommunikation, die seit der Verfügbarkeit des *world wide web* (1995) von Monat zu Monat an Tempo gewannen, bilden einen genuinen Bestandteil der Epoche nach dem Boom.[7] Das bedeutet: Nach einer Anbahnungsphase von etwa 25 Jahren wurde die Eigenart der veränderten Welt sichtbar. Seitdem beherrschte sie das Denken und Handeln in der Öffentlichkeit der Industrieländer. Der frühe, allgemein verbreitete Begriff zur Beschreibung des ungewohnten Geschehens war »Globalisierung«.[8]

Vor dem Hintergrund einer solchen Deutung betonen wir die Wechselwirkungen zwischen zunächst noch weit auseinanderliegenden Entwicklungen und Akteuren und unterstreichen dementsprechend die Spezifika von Entwicklungen in den westeuropäischen Ländern im Vergleich zur Anpassungs- und Strukturkrise der sozialistischen Gesellschaften des östlichen Europa im selben Zeitraum. Ein »Krisenmodell«, das die Industrieländer generell erfaßt, so unsere Überzeugung, muß die grundlegenden Unterschiede zwischen den beiden Gesellschaftstypen und die sich daraus ergebenden Differenzen in den Abläufen und Ergebnissen der Wandlungsprozesse beachten. Der Aufstieg des digitalen Finanzmarktkapitalismus erfolgte in den Ländern Westeuropas als ein Prozeß, der sowohl durch gesellschaftliche, kulturelle und ökonomische Impulse in den einzelnen Gesellschaften vorangetrieben wurde, wie auch durch externe Faktoren, etwa Marktzwänge oder kulturelle Transfers. Zur Entwicklung in Osteuropa liegen noch viel zu wenig einschlägige Informationen über Bedingungen und Verlauf des Strukturwandels vor. Den Zusammenbruch des Staatssozialismus 1989/90 als Bedingung im Transformationsgeschehen »nach dem Boom« zu bezeichnen, ist zunächst einmal ein politikgeschichtliches Argument – bezogen auf das große Einzelereignis und dessen Charakter als Zäsur in den Staatenbeziehungen und in den Gefühlslagen der betroffenen Menschen. Das Bedingungsgefüge des mittelfristig verlaufenden komplexen Geschehens gerät damit aber gar nicht ins Blickfeld.

II.

Die Thesen des Buchs sind in der Fachöffentlichkeit mit Zustimmung und konstruktiver Kritik aufgenommen worden. Wir betrachten die Kernpunkte der Kritik als produktive Herausforderung, mit der wir uns an dieser Stelle auseinandersetzen wollen. Daß unsere Thesen vorläufig sind und bleiben müssen, ist dem Konzept geschuldet. Es skizziert das historische Geschehen seit etwa 1970 in aller Kürze und versucht das Terrain zu beschreiben, von dem unsere eigenen und, so hoffen wir, zahlreiche weitere Forschungen den Ausgang nehmen werden. Erst dann kann es gelingen, das Gesamtgeschehen analytisch in den Griff zu bekommen. Deshalb erzählt das Buch nicht »die Geschichte« der vergangenen vierzig Jahre, sondern ist dem Anspruch verpflichtet, die gegenwartsnahe Zeitgeschichte perspektivisch zu erfassen, um der Forschung Wege zu bahnen.

Die Kritik richtet sich vornehmlich auf den Begriff, mit dem wir den Beginn einer Epoche eigenen historischen Rechts kenntlich machen: *Strukturbruch*; und auf den weiteren Begriff, der uns dazu dient, die Eigenart des Geschehens zu klassifizieren: *sozialer*

Wandel von revolutionärer Qualität. Die kritischen Argumente kreisen um unsere Feststellung, daß weder Strukturbruch noch revolutionärer Wandel von einem einzigen Punkt her analysiert werden könnten, weil sie kein einheitliches Szenario abbilden.[9] Dann, so heißt es,[10] sei es auch nicht sinnvoll, pauschal einen Bruch als ein quasi übergreifendes, allpräsentes Phänomen zu postulieren und auf die gesamte Gesellschaft, den Staat, die Kultur zu beziehen. Das leuchtet ein. Wir präzisieren dementsprechend, daß der Begriff des Strukturbruchs die Beobachtung von zahlreichen Brüchen an unterschiedlichen Stellen und zu unterschiedlichen Zeitpunkten in den westeuropäischen Ländern bündeln soll.

Solche Brüche sind augenfällig, wenn man auf die Entlassungen und dann Schließung von Werften, Stahlwerken oder Zechen und deren Auswirkungen auf Kernregionen der ersten und zweiten Industrialisierung denkt. Solche Brüche sind aber schon weniger deutlich sichtbar, wenn man an die Veränderung der Produktionstechnologien und der Arbeitswelten im Zeitalter der Digitalisierung denkt, nicht zuletzt angesichts wachsender internationaler Konkurrenz; dennoch sind auch sie hier gemeint. Darüber hinaus ist der Begriff hilfreich, um die Privatisierungswelle im europäischen Fernsehen und ihre Auswirkungen analytisch zu fassen. Unsere These vom Strukturbruch (im Singular) steht in enger Beziehung zur Leithypothese, daß die ganz unterschiedlichen »Brüche« sämtlich dazu beitragen, die neuartige Konstellation des digitalen Finanzmarktkapitalismus voranzutreiben.

Wir sind uns bewußt, daß diese Betonung von Brüchen und deren Rückwirkung auf andere Bereiche von Gesellschaft, Politik, Wirtschaft und Kultur auf den ersten Blick in Widerspruch gerät zu der anderen Beobachtung, wonach Kontinuitätslinien in Staat, Wirtschaft, Gesellschaft und Kultur aus der Zeit des Booms in die nachfolgenden Jahrzehnte hineinreichen. Es wäre historisch geradezu widersinnig, einen glatten Bruch innerhalb hochkomplexer Transformationsprozesse zu postulieren. Deshalb haben wir betont, daß die Kategorien *Strukturbruch* und *sozialer Wandel von revolutionärer Qualität* kein einheitliches Szenario abbilden. Der dynamische Wandel nach dem Boom kann nur dann angemessen erfaßt werden, wenn man auch die Gegentendenzen, die Kontinuitäten und das Verharren, in den Blick nimmt – das europäische Sozialstaats-Modell etwa oder die relative Zukunftssicherheit der

Rentner. Unser Argument jedoch zielt dahin, daß Wandel sich auch innerhalb des Verharrenden, innerhalb klarer Kontinuitäten, vollziehen und revolutionäre Qualität entfalten kann.

Für die weitere zeitgeschichtliche Diskussion dürfte es nützlich sein, drei Perspektiven aufzuzeigen, die sich aus der bisherigen Diskussion ergeben:

Erstens ließe sich die Epoche »nach dem Boom« als eine Übergangsphase konzipieren, in Analogie etwa zum kontinentalen Europa zwischen 1789 und 1848. Damit wird die Janusgesichtigkeit der Entwicklung deutlicher hervorgehoben. Ganz ähnlich der Epochenbezeichnung »Vormärz«, die ja vom Endpunkt der Zeitspanne her gedacht ist, lassen sich die Jahrzehnte »nach dem Boom« vom gegenwärtigen Zustand des digitalen Finanzkapitalismus im Zeitalter der deregulierten Globalisierung her interpretatorisch fassen. Damit allerdings würden die Perspektiven viel verbindlicher festgeschrieben, als wir es in den nachstehenden Kapiteln ursprünglich beabsichtigt hatten. Es bleibt jedoch festzuhalten, daß einiges dafür spricht, die mittleren 1990er Jahre als mögliches Ende einer solchen »Übergangsphase« zu betrachten. Zwischen 1994 und 1998 wuchsen alle Indikatoren für die Durchsetzung des digitalen Finanzmarktkapitalismus geradezu sprunghaft. Das Netzwerk des rheinischen Kapitalismus mit seinen engen Verbindungen zwischen Banken, Versicherungen und industriellen Großunternehmen löste sich erst jetzt, dafür aber um so rascher auf. Zehn Jahre später waren diese Verflechtungen verschwunden.[11] Das Wachstum der internationalen Finanzmärkte selbst beschleunigte sich in diesem Zeitraum, vorangetrieben durch anhaltende Deregulierungen, die seit den 1980er Jahren schrittweise an den westeuropäischen Finanzplätzen umgesetzt worden waren, und durch die Fortschritte der Informationstechnologien. Das *world wide web* zog seit 1995 immer mehr Benutzer in seinen Bann. In Deutschland versechsfachte sich die Nutzerzahl von 1997 bis 2001 von 6,5 auf 38 Prozent der Bevölkerung. Die 1992 deregulierten Telekommunikationsmärkte erreichten am Ende der 1990er Jahre schließlich die Mehrheit der Bevölkerung.[12] Eine zweite Privatisierungswelle erfaßte um diese Zeit nach britischem Vorlauf auf breiter Front auch die übrigen westeuropäischen Staaten. Schließlich markierten die Verträge von Maastricht und Amsterdam auf europäischer Ebene wichtige Endpunkte auf dem Weg zur Durchsetzung der Wirtschafts- und Währungsunion, die im wesentlichen den Spielregeln des neuen (neo)liberalen Modells folgte. Gegen die Überlegung, hier eine Zäsur zu postulieren, spricht allerdings die Tatsache, dass die Einschnitte in der nationalpolitischen Entwicklung der europäischen Länder während dieser Jahre kaum Anzeichen für eine verstärkte Synchronität bieten. Bestenfalls ließe sich darauf hinweisen, daß sich in diesen Jahren auch die großen westeuropäischen Linksparteien endgültig von den Resten keynesianischer Politik verabschiedeten. Mit Tony Blairs »New Labour« wurde für mehr als zehn Jahre die wirtschaftspolitische Anpassung an den digitalen Finanzmarktkapitalismus und seine »neue Ökonomie« zur Norm europäischer Sozialdemokratie erklärt und als Erfolgsmodell *par excellence* ausgeflaggt.

Zweitens könnte man die Symboljahre 1968 und 1973 nutzen, um sie als Chiffren für den Beginn einer Epoche »nach dem Boom« zu präsentieren, welche durch das Nebeneinander unterschiedlicher Tempi und geschichtlicher Zeiten in den verschiedenen Teilsystemen beziehungsweise Handlungsfeldern »der« Gesellschaft bestimmt ist. Dem (relativen) Bedeutungsschwund nationaler Politik und dem wachsenden Gewicht grenzüberschreitender Vernetzungen und Transfers seit den 1970er Jahren entspräche dann auch in der zeitgeschichtlichen Historiographie der Verzicht auf einheitliche Periodisierungsvorschläge mit Blick auf »die« Gesellschaft oder »die« Nation. Dann zöge sich die Fachdisziplin auf die sorgfältige Bestimmung der »Eigenzeiten« der jeweils untersuchten Institutionen, Funktionsbereiche oder sozialen Gruppen zurück und würde es anderen überlassen, die gegenwartsnahe Zeitgeschichte in ihrer schier undurchschaubaren Vielfältigkeit zu beschreiben und deren Eigenart zu erschließen. Fachwissenschaftlich ließe sich damit zweifellos ein höheres Maß an Eindeutigkeit und Präzision erreichen, aber der Preis wäre hoch. Denn Orientierungshilfen zur Standortbestimmung im Hier und Heute könnten dann kaum noch angeboten werden. Jegliche Beteiligung an Gegenwartskontroversen aus der Perspektive zeithistorischer Diagnostik und des zeitgeschichtlichen Fachwissens würde schwieriger. Vor allem aber würde unfreiwillig einer Enthistorisierung der Gegenwart zugearbeitet. Fachintern gerieten zeittypische Zusammenhänge und Wechselwirkungen alsbald aus dem Blick, oder sie würden infolge einer solcher Perspektive kaum noch wahrgenommen. Die Beobachtung, daß es ein Nebeneinander geschichtlicher Verlaufsgeschwindigkeiten in verschiedenen Handlungsfeldern von Gesellschaften gab, darf nicht dazu verleiten, auf den Versuch einer – zunächst womöglich allzu vereinheitlichenden – Periodisierung beziehungsweise Systematisierung des Geschehens zu verzichten.

Drittens geht es um die Art und Weise, in der die Janusgesichtigkeit unserer Epoche die Lebenswelten und Kollektivbiographien sozialer Gruppen geprägt hat. Das Nebeneinander von Kontinuitäten und Strukturbrüchen, aber auch die stillen Effekte sozialen Wandels haben sich seit den 1980er Jahren zunehmend im Auseinandertreten altersspezifischer Erfahrungen, Erwartungen und der Antizipation von Zukunftsrisiken niedergeschlagen. Damit traten generationsspezifische Unterschiede in den Vordergrund, die quer zu den nach wie vor recht stabilen Klassen- beziehungsweise Schichtungslinien der westeuropäischen Gesellschaften verliefen. Insgesamt wurden für die Alterskohorten, die in den 1980er Jahren in die Berufswelt eintraten, die generalisierten Aufstiegserwartungen der älteren Generation brüchig oder gar illusorisch. Überall dort, wo Jugendarbeitslosigkeit einerseits und Verteuerung von Wohneigentum oder Wohnraum andererseits parallel verliefen, wie das in Frankreich, Italien oder Großbritannien der Fall war, traten und treten scharf die Statusunterschiede und Ungleichheit der Chancen zum einen zwischen Besitzlosen hier und Erben dort, zum andern zwischen einer gesicherten älteren Generation von Erwerbstätigen und den nachwachsenden Alterskohorten besonders scharf hervor.[13] Es ist deshalb kein Zufall, daß das Mannheimsche Konzept der Generation in der Zeithistorie, aber auch in der Soziologie derzeit besonders aufmerksam rezipiert wird. Den Generationseffekten seit den 1980er Jahren gilt in der zeitgenössischen Selbstbeobachtung aller westeuropäischen Länder eine beträchtliche publizistische Aufmerksamkeit.

III.

Was wir als *sozialen Wandel von revolutionärer Qualität* bezeichnen, vollzieht sich nicht gleichförmig und ist nicht überall anzutreffen. Dennoch halten wir es für falsch, bestimmten Veränderungen in den vergangenen Jahrzehnten ihren revolutionären Charakter abzusprechen, weil sie sich kontinuierlich ausbreiteten und erst allmählich ins allgemeine Bewußtsein eindrangen. Zwei große Prozesse seien hier noch einmal in Erinnerung gerufen. Das ist, zum einen, die Zunahme der Erwerbstätigkeit von Frauen. In 20 Jahren, zwischen 1973 und 1993, stieg die Erwerbsquote in den westeuropäischen Ländern kontinuierlich an, von 44,7 auf 60,6 Prozent. Die revolutionäre Qualität dieses Prozesses wird besser sichtbar, wenn man sich vor Augen hält, daß sich im selben Zeitraum die Differenz zwischen den Erwerbsquoten von Männern und Frauen mehr als halbierte, von 44 auf 19,5 Prozent. Die Beteiligung der Frauen am Erwerbsleben ist zum Normalfall geworden. Sie bestimmt die Zukunftserwartungen und Strategien der unterschiedlichsten Akteure, seien es Unternehmern, Politiker oder Paare und Familien, seien es heranwachsende Mädchen und junge Frauen. Dieses Bündel kleiner Veränderungen ergibt zusammengenommen ein Gesamtbild, das die Unterschiede zwischen der Zeit um 1995 oder 2010 zu der um 1973 markant hervortreten läßt.

Zum andern bietet die Expansion des Bildungswesens ein Beispiel für solchen Wandel. Jahr für Jahr schrieben sich mehr Studierende ein, erwarben mehr Hochschuldiplome. Seit den großen Reformdebatten der 1960er und frühen 1970er Jahre vollzog sich das geradezu unauffällig, fast wie ein Naturprozeß. An dessen Ende steht ein tiefgreifendes Legitimationsdefizit der Bildungspolitik, weil deren Zielsetzungen sowie die Leistungsfähigkeit von Schulen und Hochschulen je länger je weniger harmonieren.

Schließlich bietet die Ausbreitung der neuen digitalisierten Informationstechnologien vielfältige Beispiele dafür, wie ihre Verbreitung nicht bloß schnellere und billigere technische Lösungen, sondern zugleich auch neue soziale und kulturelle Praktiken hervorgebracht hat. Gerade im Fall der Digitalisierung ist auch zu beobachten, daß es zunächst relativ lange dauerte, etwa 20 Jahre, bis nach der Entwicklung der grundlegenden Innovationen und deren Nutzung durch Spezialisten flächendeckend alle Wirtschaftsbereiche und schließlich die Alltagswelt der Bevölkerungsmehrheiten erfaßt worden ist. In der Jugendkultur etwa haben in den letzten 15 Jahren Netzwerk-Kommunikation und Virtualität zu einem tiefgreifenden Wandel beigetragen. Man erkennt die revolutionären Veränderungen deutlich, wenn man zum Vergleich die revolutionären Jugendkulturen der 1970er Jahre heranzieht, die damals ihrerseits durch neue Kommunikationsmedien und Konsumstile geprägt wurden. Traditionelle Bindungen an Verein, Jugendclub oder die Jugendorganisationen von Parteien oder Gewerkschaften werden durch überwiegend virtuelle Gemeinschaftsbildungen ersetzt. Schichtenübergreifend läßt sich zudem die gespaltene Existenz in zwei Welten beobachten – in einer virtuellen, nicht selten Identität prägenden und insofern durchaus »realen« Welt und einer Alltagswelt mit den Erwachsenen, die oft nur wie durch einen Schleier wahrgenommen wird. Das sind Erscheinungsformen von Wandel in der Lebenswelt der Jugend. Verzahnt mit den Transformationsschüben in anderen Feldern des gesellschaftlichen Lebens erweist sich diese Entwicklung als signifikantes Phänomen in der Epoche nach dem Boom.[14] Kurz: Auch was sich allmählich vollzieht, kann revolutionär sein. In der Jugendkultur jedenfalls wirken Veränderungen prägend, die bereits aus der Fusion der beiden Komponenten – technische Digitalisierung und Höherwertung des individuellen Interesses vor Gemeinschaftsbindung – hervorgegangen sind.

IV.

Es wäre falsch, die Prozesse der gegenwartsnahen Zeitgeschichte in eine Erzählung einmünden zu lassen, die allein Verlust und Niedergang beschreibt, wo doch der Wandel zugleich Neues, Anderes, Vorwärtsweisendes hervorbringt. Heute steht allerdings die Frage im Vordergrund, wie die Veränderungsdynamik auf das System der parlamentarischen Demokratie, mithin auf den Zusammenhang von Gesellschaft und Staat, einwirkt. In der aktuellen Meinungsbildung der politikwissenschaftlichen Demokratieforschung werden daher Befangenheiten laut, die eher Verluste beschreiben als auf Vorwärtsweisendes zu deuten. Damit soll abschließend auf einen Themenbereich verwiesen werden, den wir in unserem Essay nur am Rande behandelt haben, dessen Bedeutung unter dem Eindruck jüngster Entwicklungen jedoch zunehmend deutlich hervortritt. Diese Entwicklungen laufen auf eine Erosion etablierter Volksparteien und Partizipationsformen hinaus.

2009 wurde schwerpunktmäßig über die Erosion der sozialdemokratischen Parteien in den europäischen Ländern diskutiert.[15] Die teils politologischen, teils publizistischen Analysen lesen sich als Fallstudien zu den Kategorien »Strukturbruch« und »revolutionärer Wandel«. Es geht im Kern um die längerfristige Erosion sozialdemokratischer Identität und milieugebundener Homogenität seit den 1970er Jahren,[16] die ihren Kulminationspunkt mit der Regierungsübernahme von Tony Blair und Gerhard Schröder erreichte, durch deren Wahlerfolge und Medienattraktivität allerdings überdeckt worden ist. Die Reflexionen über sozialdemokratische Politik in Europa sind in den weiteren Zusammenhang der transnationalen Entwicklungen nach dem Boom eingebunden.[17] Sie fragen nach den Bedingungen und Wirkungen der Politik eines »Dritten Weges« und der »Neuen Mitte« seit den späten 1990er Jahren.[18] Sie fragen nach den Ursachen für den Verlust sozialdemokratischer Identität in der Arbeiterklasse nach dem »Abschied von der Proletarität«[19] und bei den Menschen aus kleinen Verhältnissen, die nach oben wollten. Die Diskussion über die Transformationskrise der Sozialdemokratie in den europäischen Industrieländern kreist um das Kernproblem einer politischen Gesellschaftsgeschichte im letzten Drittel des 20. Jahrhunderts. Wo ist der Ort für die parteipolitische Repräsentation der Arbeiterbewegung, seit es das Industriesystem des montanindustriellen Zeitalters, dessen Arbeiterkultur und den milieu- und lagerbedingten Zusammenhalt nicht mehr gibt? Zugespitzt formuliert: Was ist sozialdemokratisch und wer ist Sozialdemokrat im Zeitalter des digitalen Finanzmarkt-Kapitalismus? Dieselbe Frage wird auch an den politischen Liberalismus und den bürgerlichen Konservativismus zu richten sein, aber bis dort ist die Diskussion noch nicht vorgedrungen. Konzentrieren wir uns also auf die Frage nach Aspekten revolutionären Wandels in der Transformationskrise der europäischen Sozialdemokratie.

Die Basisprozesse in der Entstehungsphase des digitalen Finanzmarkt-Kapitalismus wiesen allesamt Merkmale auf, die dem Selbstverständnis sozialdemokratischer Parteien und den Zukunftserwartungen in Milieu und Wählerschaft kraß widersprachen. Als das Ordnungsmodell der fiskalpolitischen Globalsteuerung von Produktivität und Wachstum zu Beginn der 1970er Jahre seine Geltung einbüßte und die öffentliche Kritik am keynesianisch grundierten Maßstab des liberalen Konsenses zunahm – das waren Appelle an die Selbstverantwortung der Arbeitnehmer für das persönliche Fortkommen sowie Formeln nach dem Muster »Leistung muß sich wieder lohnen«, mit denen Konsensliberalismus und Konsenskapitalismus[20] als leistungsfeindlich, die Faulheit fördernd, ja »sozialistisch« denunziert wurden –, da setzte die Erosion des soziopolitischen Kontextes ein, in dem sich die Sozialdemokratie während der Boom-Ära hatte entfalten können. Daran gewöhnt, ja darauf fixiert, Neuerungsprozesse voranzutreiben, weil die Modernisierungstheorie den »Fortschritt« zur Norm und ein progressives Bewußtsein zur Pflicht machte, wuchs seit den 1960er Jahren eine Generation heran, die nach 1980 in der Parteipolitik nach vorne rückte und im Bewußtsein der eigenen Fortschrittsorientierung tätig wurde. In der Bundesrepublik nannte man sie die »Enkel« Willy Brandts,[21] in Großbritannien war es die Gruppe um Tony Blair, der als Protagonist von New Labour mit guten Gründen zu den politischen »Söhnen« von Margaret Thatcher gezählt wird.[22] Deutlicher traten die Generationsunterschiede in Frankreich oder Italien zutage. Dort übernahm unter Mitterand die »amerikanische« Linke nach dem Scheitern des »Keynesianismus in einem Land« 1983 die Regierungsgeschäfte, während im Italien der Ära Craxi (1983-87) eine neue Garde pragmatischer junger Realpolitiker, Modernisierer und Geschäftemacher an die Spitze der sozialistischen Partei und der damaligen Regierungskoalitionen rückte. Sie manövrierten sich und ihre Partei ins Epizentrum der Korruptionsskandale, welche 1992-94 die alte Parteienordnung der italienischen Nachkriegsdemokratie zum Einsturz brachten.[23]

Halten wir fest: In den 1970er Jahren erodierte die Infrastruktur des Industriesystems der Boom-Ära. Der Keynesianismus als wirtschaftsideologisches Ordnungsmodell eines liberalen kapitalistischen Konsenses und staatlicher Globalsteuerung wirkte politisch überholt, doktrinär und beengend. Neue Parolen kündigten den Durchbruch einer anderen Wirtschaftsideologie an, die mit dem makroökonomischen Konzept des Monetarismus die Überzeugung propagierte, daß das größte Glück der größten Zahl dann zu erreichen sein würde, wenn das Interesse des Individuums im Wirtschaftsgeschehen dominierte und nicht das Interesse eines politisch oder ideologisch postulierten Ganzen. Unter der Parole der »Freiheit« setzte eine Welle von Privatisierungen öffentlichen Eigentums ein, deren ökonomische Ineffizienz zu Lasten des Steuerzahlers inzwischen empirisch nachgewiesen wurde.[24] Doch in dem Maß, in dem sich der Staat aus seinen öffentlichen Pflichten durch wirtschaftlich nutzlose und kostspielige,[25] allein ideologisch induzierte und vom privaten Gewinninteresse vorangetriebene Privatisierungen herauszog, verminderte sich auch seine Akzeptanz in der Gesellschaft.

Die traditionelle Wählerschaft sozialdemokratischer beziehungsweise linker Parteien mag erwartet haben, daß sich ihre politischen Repräsentanten einer solchen Entwicklung entgegenstellten. Seit 1997/98 war jedoch genau das Gegenteil zu beobachten. Ausgehend von Großbritannien und flankiert vom »Schröder-Blair-Papier« mit dem Titel »Der Weg nach vorne für Europas Sozialdemokraten«, wurde die Politik des »Dritten Weges« nun dahin profilscharf ausgestaltet, daß sozialdemokratische Regierungen es gerade als genuin sozialdemokratische Aufgabe deklarierten, dem Finanzmarkt zu willfahren und soziale Verantwortlichkeiten dem Zugriff der »Freiheit« zu öffnen.[26] »Freiheit« wurde zum Mantra eines Vorgehens, welches mit regierungsamtlicher Billigung die materielle Substanz der Gesellschaft privatisierte und einem ideologischen Verständnis von Wettbewerb anheimgab. Damit setzte eine Umverteilung des Einkommens in großem Stil von unten nach oben ein, die Schere zwischen arm und reich öffnete sich weit, und die Anzahl von Menschen an der Armutsgrenze nahm in dem Maße zu, wie die Zahl der Höchstverdiener im Management stieg. Die sozialdemokratische beziehungsweise linke Klientel hatte von ihren Regierungen eher Maßnahmen in die entgegengesetzte Richtung erwartet und reagierte zunächst irritiert und enttäuscht, bis die Enttäuschung dem Zynismus wich und am Ende das Vertrauen in die politischen Repräsentanten verbraucht war. Diese Prozesse vollzogen sich ebenso in Italien und Frankreich, die seit den 1980er Jahren einen periodischen Wechsel von Mitte-Rechts und Mitte-Links-Regierungen erlebten, und betrafen dort die gesamte Linke unter Einschluß der kommunistischen Parteien beziehungsweise ihrer Nachfolgeorganisationen, die länger als ihre sozialistischen Schwesterparteien die neue neoliberale Rahmenordnung ablehnten.

Dies ist die Beschreibung eines Prozesses, der als *Wandel von revolutionärer Qualität* zu fassen ist. Hier wurden Traditionen preisgegeben und Bindungen gekappt, deren Vorhandensein es gewährleisten würde, den unausweichlichen Wandel in der digitalisierten und globalisierten Welt abzupuffern und für den einzelnen Menschen mitvollziehbar zu machen. Bislang ist die Frage offen geblieben, warum es gerade unter sozialdemokratischen Politikern seit den mittleren 1990er Jahren zur Norm wurde, die moralische Rücksicht auf Empfindungen des Milieus und der Stammwählerschaft preiszugeben. Als ein möglicher Grund wird die Tatsache angeführt, daß Protagonisten wie Blair oder Schröder mitsamt ihrer Gefolgschaft zu einem erheblichen Teil nicht aus sozialdemokratischen Familien stammten, in den 1960er und 1970er Jahren jedoch den Willen zum sozialen Aufstieg durch Bildung und akademische Qualifikation internalisiert hatten. Als sie oben angekommen waren, orientierten sie sich im Inferioritätsgefühl des sozialen Aufsteigers allein an den Herren über den Trend, den Eliten im Bankwesen und der Industrie sowie den Ideologen der entriegelten Marktwirtschaft in den Wirtschaftswissenschaften.[27]

Das mag sein. Es sind Feststellungen, die erklärtermaßen auch aus Enttäuschung und Empörung über die vorschnelle Preisgabe sozialdemokratischen Selbstverständnisses formuliert wurden.[28] Sie verweisen aber auf bestimmte Kontinuitätslinien, die aus der Boom-Epoche in die Jahrzehnte nach dem Boom führen, indem hier auf soziale Mobilität, Emanzipation aus dem Arbeiter- und Angestelltenmilieu und Statusgewinn als Triebkräfte im Verhalten bestimmter Altersgruppen hingewiesen wird. Vor dem Hintergrund unserer Forschungen, in denen wir teilweise mit ideengeschichtlichem Ansatz arbeiten, drängt sich allerdings die Frage auf, inwieweit die Norm der »progressiven« Kräfte aus den späten sechziger, frühen siebziger Jahren, den »Fortschritt« zu repräsentieren und stets Avantgarde, niemals jedoch Nachhut zu sein, zu einem fest verinnerlichten Bestandteil der Selbstwahrnehmung und des politischen Handelns wurde. An der Wende zum 21. Jahrhundert war es schick, auf der Welle des finanzmarktkapitalistischen Fortschritts zu reiten. Doch die bekannte Tatsache, daß die Preisgabe öffentlicher Güter an die Interessen privater Investoren und Anteilseigner zum Muster des zeitgenössischen Regierens von rechts bis links, von Berlusconi über Stoiber bis zu Schröder und Blair, geworden ist, verweist darauf, daß eilfertige Anpassung und grassierender Vertrauensverlust der europäischen Sozialdemokratie nur ein Teilelement des Wandels bezeichnet, dessen revolutionäre Qualität im Zusammentreffen mit weiteren Teilelementen besteht.

Der Strukturbruch, von dem wir in diesem Buch sprechen, hat viele Facetten und der revolutionäre Wandel auch. Das wird gerade dann in aller Schärfe sichtbar, wenn man die Kontinuitäten, die gegenläufigen Faktoren und die scheinbar immergleiche Normalität in manchen Lebensvollzügen mitbedenkt. Darauf hat die Kritik an unserem Essay dankenswerterweise deutlich hingewiesen. Als

Historiker wissen wir, daß noch keine Revolution schlechthin alles beiseite geräumt hat. Aber es gilt herauszufinden, was warum und wann zum Verschwinden gebracht wurde. Das Schloß von Versailles jedenfalls leuchtete im Jahr der Finanzmarktkrise schöner denn je.

Einleitung zur 1. Auflage

Zwei Zeithistoriker diskutieren über die Herausforderung und die Schwierigkeiten, der gegenwartsnahen Zeitgeschichte eine intellektuelle Perspektive und hinreichende Problemorientierung zu geben. Zur Praxis der zeithistorischen Wissenschaft gehört es, daß sie sich an äußeren Voraussetzungen orientiert. Die Sperrfristen der Archive beeinflussen vielfach die Grenze, bis zu der historische Forschung vorangetrieben werden kann. Gedenktage wirken allenthalben dahin, daß ein Datum, nicht aber ein Problem zum Gegenstand historischer Reflexion genommen wird. Die Jahrzehnte seit dem Ende des Zweiten Weltkriegs werden Schritt für Schritt durchmessen. Derzeit stehen die 1970er Jahre im Zentrum, erste Annäherungen an die 1980er Jahre sind erfolgt. Die 1960er Jahre zogen vor etwa einem Jahrzehnt das Interesse auf sich, nachdem zuvor lange und ergiebig über die späten 1940er und die 1950er geforscht worden war. Darüber hat sich ein Selbstverständnis in der zeithistorischen Forschung herausgebildet, das sich am *kontinuierlichen Weiterschreiten* von einer Dekade zur anderen orientiert. Die Vorannahme der Kontinuität bestimmt diese Form »dekadologischer« Arbeitsweise.

Zeitgeschichte als Problemgeschichte

Damit droht die Zeitgeschichte in der Routine ihrer Orientierung an Archivfristen, Gedenktagen oder Dekaden intellektuell zu erstarren. Soeben wird medienwirksam das 40. Jubiläum von »1968« inszeniert, 2009 folgt das doppelte Gründungsjubiläum von Bundesrepublik und DDR, verbunden mit der Rückschau auf den Zusammenbruch des Ostblocks vor zwanzig Jahren. Der erinnerungspolitische oder dekadologische Zugriff hat sich vor die Frage nach Problemen und Leitperspektiven geschoben. Was bedeutet es, den Vorschlag von Hans Günter Hockerts ernst zunehmen, daß die Zeitgeschichte als Problemgeschichte der Gegenwart zu konzipieren sei?[1] Wie läßt sich eine Zeitgeschichte entwerfen, die sich durchaus an der Entwicklung der Nachkriegsjahrzehnte orientiert, aber als nationale, europäische, internationale Geschichte die *Herausforderungen der Gegenwart* historisch erschließen kann?

Diese Fragen haben uns umgetrieben, als wir uns entschlossen, in einem Essay vorläufige Antworten zu formulieren und den Umriß künftiger Forschung zu skizzieren. Wir orientieren uns nicht zuletzt an dem von Otto Gerhard Oexle formulierten Leitkonzept einer »Problemgeschichte«, wenn wir den Versuch unternehmen, uns von Merkdaten, Gedenktagen und Dekaden zu lösen.[2] Wir wollen wissen, welche Erkenntnisse der Blick durch die Jahrzehnte über die Entstehungsbedingungen der Gegenwart vermitteln kann.

Wir betrachten die drei Jahrzehnte seit 1970 als einen zusammengehörigen Zeitraum des Übergangs *nach dem Boom*. Die Zeit des Booms waren die Jahrzehnte einer stabilen Nachkriegsordnung, die mit dem Marshall-Plan und der Teilung Europas 1947/48 begann und in den 1970er Jahren endete. 1971/72 zerfiel das internationale Währungssystem von Bretton Woods, das seit 1944 bestanden hatte. 1973/74 folgte der erste Ölpreisschock, und beides zusammen mündete in eine Wirtschaftsentwicklung, die von niedrigen Wachstumsraten und deutlichen Konjunkturschwankungen geprägt war. Zeitgleich setzte ein grundlegender Wandel in der industriellen Produktion ein, der sich alsbald auf die ökonomischen und sozialen Leitvorstellungen, die nationalen Wohlfahrtssysteme, den beruflichen Alltag und die Lebenswelt der westeuropäischen Arbeitsgesellschaften auswirkte. Das Gesellschaftsmodell der Boom-Epoche veränderte sich mit hoher, bisweilen revolutionärer Dynamik. Klare Zäsuren oder ein bestimmtes Datum waren und sind in diesem Prozeß nicht auszumachen. Das markiert den Unterschied zu den tiefgreifenden Umwälzungen in Ostmitteleuropa oder in Südeuropa nach dem Ende der Diktaturen in den verschiedenen Ländern. Vieles spricht dafür, die Zeit nach 1990 als Beginn einer neuen Epoche, den Zerfall des Ostblocks jedoch als Begleiterscheinung des Übergangs, nicht als dessen Ursache zu deuten. Die Konturen der neuen Epoche beginnen aus der historischen Rückschau allmählich sichtbar zu werden. Wir sehen sie charakterisiert durch ein neues Produktions- und Wirtschaftsregime, das man als digitalen Finanzmarkt-Kapitalismus bezeichnen kann. Diese Definition folgt einerseits den soziologischen Studien, die Manuel Castells über die Strukturen und Begleitphänomene der neuen Informationstechnologien vorgelegt hat,[3] und sie bezieht sich andererseits auf die Untersuchungen der Wirtschafts- und Industriesoziologen Paul Windolf und Christoph Deutschmann über den Aufstieg der internationalen Finanzmärkte.[4]

Mit dem neuen Produktionsregime des digitalen Finanzmarkt-Kapitalismus sind ältere Formen wie das sogenannte fordistische Produktionsregime und der rheinische Kapitalismus Vergangenheit geworden. Im Zuge dieser Entwicklung hat sich eine neue neoliberale Weltwirtschaftsordnung etabliert, in der sich die Prozesse der Globalisierung seit mehr als zehn Jahren mit noch ständig wachsender Geschwindigkeit vollziehen. Den politökonomischen Befunden eines grundlegenden Wandels stehen zahlreiche Hinweise über tiefgreifende Veränderungen unserer kulturellen Gewohnheiten und Alltagsroutinen zur Seite. Das digitale Informationszeitalter hat die Phase der Versprechungen und minoritären Trendwirkungen verlassen, es prägt seit dem Ende der 1990er Jahre die Erfahrungen wachsender Mehrheiten der westeuropäischen Bevölkerung. Gleichzeitig wurden die Gesellschaften neu strukturiert – soziale Ungleichheiten sind sichtbarer und größer als vor 30 Jahren, die Arbeitswelten sind deutlich flexibler und fragmentierter. Vor allem jedoch hat sich eine neuartige Exklusionszone von Armut und sozialer Marginalität herausgebildet, die bis zu einem Fünftel der Bevölkerung umfaßt.

Parallel dazu ist ein größerer und viel enger verflochtener europäischer Wirtschaftsraum entstanden, der jenseits der politischen Krisen das sichere Fundament der europäischen Integration darstellt. Anders als in den osteuropäischen oder den iberischen Ländern haben in den westeuropäischen Ländern jedoch bis in die Gegenwart wirkmächtige öffentliche Institutionen und Strukturen überdauert, die allesamt aus der Zeit des Booms stammen. Dazu gehört als erstes der westeuropäische Sozialstaat. Er ist unter den Belastungen der Umbrüche und trotz der ökonomischen Trends im Verlauf der vergangenen 15 Jahre zu einem gesamteuropäischen Sozialmodell geworden.[5] Dazu gehören auch die ganz spezifischen nationalen Bildungs- und Forschungslandschaften Westeuropas, die ihre gegenwärtige Gestalt im wesentlichen den Reformen und Ausbaumaßnahmen der 1960er und 1970er Jahre verdanken. Schließlich ist daran zu erinnern, daß die demokratischen Institutionen und der liberale Basiskonsens in den westeuropäischen Ländern seit der Boomphase alle sozialen und ökonomischen Krisen bislang unbeschadet überstanden haben.

Die demokratischen Ordnungen Westeuropas sind durch den Sturz der autoritären Regime in Südeuropa (Portugal, Spanien, Griechenland) in den 1970er Jahren und der sozialistischen Diktaturen in Osteuropa nach 1989/90 gestärkt worden, die Partizipation der Bürger am politischen Prozeß nahm im gleichen Zeitraum zu und fand neue Ausdrucksformen. Selbst die europäische Parteienlandschaft zeigt überraschende Züge der Kontinuität, wenn man sich vergegenwärtigt, welche sozialen, kulturellen und ökonomischen Veränderungen zwischen 1970 und 2008 die großen Parteienblöcke der Boomphase zu bewältigen hatten. Zwar haben die Massenparteien der Konservativen, Gaullisten, Christdemokraten, Sozialdemokraten/Sozialisten und Kommunisten in den Jahrzehnten des Umbruchs deutlich an Einfluß bei den Wählern und an Prägekraft für ihre Anhänger verloren, doch bestimmten diese Parteien auch nach 1970 die Regierungen und Parlamente. Sie bekamen allerdings Konkurrenz. Ökologische, libertäre und linkssozialistische Gruppierungen einerseits, eine neue populistische Rechte andererseits haben sich in den Parlamenten der westeuropäischen Länder fest etablieren können. Kurz: auch die Gegenwart zeigt sich noch janusgesichtig als Mischung von altvertrauten und neuartigen Strukturen. Die Anteile von Alt und Neu sind dabei von Land zu Land in Westeuropa ganz verschieden, so daß die nationalen Besonderheiten auch nach dieser Phase des Strukturwandels deutlich erkennbar bleiben. Eine solche strukturgeschichtliche Bestandsaufnahme der Gegenwart steckt den Ausgangspunkt unseres Essays ab. Wir sehen die letzten drei Jahrzehnte des 20. Jahrhunderts ganz wesentlich als eine Phase des Übergangs.

Das hochkomplexe Geschehen dieser Jahrzehnte betrachten wir vor dem Hintergrund der längeren Entwicklung seit dem Ende des Zweiten Weltkriegs als einen *Strukturbruch*, der *sozialen Wandel von revolutionärer Qualität* mit sich gebracht hat. Wir formulieren dies als Grundannahme und stellen uns die Aufgabe, die geschichtliche Eigenart des Strukturbruchs zu analysieren, um die kennzeichnenden Merkmale westeuropäischer Industriegesellschaften in der Zeit nach dem Boom auf der Grundlage empirischer historischer Forschung herausarbeiten zu können. Erkenntnisleitend ist die Annahme, daß wir die Epoche *vor* dem Strukturbruch als eine Zeit zu betrachten haben, deren politökonomische Normen und kulturelle Orientierungsmuster spätestens seit dem Ende der 1970er Jahre keine selbstverständliche Ordnungskompetenz mehr aufweisen.

Die Grundannahme eines Strukturbruchs im Übergang von den 1970er zu den 1980er Jahren macht es erforderlich, die vorausliegende Zeit als eine in sich abgeschlossene Epoche zu historisieren und daraus die Frage abzuleiten, welches denn dann die wirtschaftlichen, technisch-wissenschaftlichen, kulturellen und politischen Spezifika der Entwicklung bis an die Schwelle der Gegenwart sind. Die Historisierung der Epochen von 1945/50 bis 1970/75 und von 1965/70 bis 1995/2000 dient uns dazu, die *Vorgeschichte der Gegenwart* als Arbeitsfeld der Zeitgeschichte systematisch zu erschließen.

Mit den Kategorien *Strukturbruch* sowie *sozialer Wandel von revolutionärer Qualität* bezeichnen wir Phänomene, die charakterisiert sind durch den Bedeutungsrückgang etablierter institutioneller Ordnungen oder tradierter Verhaltensweisen. Unser Vorgehen wird von der Beobachtung geleitet, daß solche Veränderungen in den verschiedenen Segmenten der Gesellschaft nicht deutlich genug verkoppelt sind, um ein einheitliches Szenario abzubilden, ganz im Gegenteil. Verknüpfungen des Wandels in der Wirtschaft, dem Bildungsbereich, der Sozialpolitik oder der sozialwissenschaftlichen Zeitdiagnose erweisen sich als unterschiedlich eng und überdies von Land zu Land verschieden. Es kommt hinzu, daß der dynamische Wandel nach dem Boom zeitgeschichtlich nur dann angemessen erfaßt werden kann, wenn man auch die Gegentendenzen in den Blick nimmt. Bestimmte Alterskohorten erlebten revolutionären Wandel oder Strukturbruch gewissermaßen als Zuschauer und Zeitgenossen von außen. In der privaten Wirtschaft oder im Bildungswesen blieben die Aufbrüche der 1960er Jahre noch längere Zeit prägend, die an die Erfahrung kalkulierbarer Reformschritte gebunden waren. Ungewißheit und Widersprüchlichkeit gehören deshalb ganz wesentlich zum Gesamtbild dieses dynamischen Geschehens, dessen Entwicklungsrichtung hin zu einer anderen, neuen Gesellschaft jedoch immer deutlicher als unaufhaltsam erschien.

Arbeitshypothesen für eine Zeitgeschichte nach dem Boom

Wir gehen von *vier* Arbeitshypothesen aus. Erstens sagen wir, daß Strukturbruch und revolutionärer Wandel nicht von einem einzigen Punkt, gewissermaßen von einem Epizentrum her, analysiert werden können. Wir stehen vor der Aufgabe, die Querverbindungen und Wechselwirkungen zwischen den funktional getrennten Bereichen von Politik, Ökonomie, Bildung, Wissenschaft oder Religion im Blick zu behalten. Eine Engführung auf bloß wirtschafts-, politik-, sozial- oder kulturgeschichtliche Themenstellungen scheint uns angesichts der Komplexität und Tiefenwirkung aller Veränderungen wenig Aussicht auf Erfolg zu versprechen. Wir wollen die Wechselwirkungen in den Mittelpunkt stellen.

Die zweite Arbeitshypothese betrifft den grenzüberschreitenden Charakter. Keines der westeuropäischen Industrieländer konnte sich dem Strukturwandel entziehen, doch entwickelten sich vor dem Hintergrund der vielen Gemeinsamkeiten wiederum ganz spezifische nationale oder regionale Besonderheiten. Deshalb kombinieren wir zwei komplementäre Perspektiven: eine westeuropäische Sicht, die vor allem nach synchronen Parallelen und gemeinsamen Basisprozessen fragt, und eine nationalspezifische Sicht, die ihre Aufmerksamkeit auf die diachronen Kontinuitäten und Besonderheiten in den europäischen Ländern richtet. Als Beispiel dient uns hierfür die Bundesrepublik Deutschland.

Unsere dritte Arbeitshypothese gilt den methodischen und konzeptionellen Grundlagen. Als historische Teildisziplin, welche die Genese gegenwärtiger Problemlagen untersucht, muß die Zeitgeschichte der Tatsache Rechnung tragen, daß zahlreiche Phänomene bereits sozialwissenschaftlich dokumentiert und interpretiert worden sind. Die Prüfung dieser »Sozialdaten«, der Theorien und Erklärungsmodelle stellt eine methodische Herausforderung für die zeithistorische Forschung dar.

Der besondere Charakter dieser Veränderungen zwingt uns dazu, so die vierte Hypothese, unsere Vorannahmen über die temporalen Charakteristika der Vorgänge in den unterschiedlichen Sphären von Wirtschaft, Politik, Religion, Bildung und Kultur nach dem Boom offenzulegen. Stärker als in den Sozialwissenschaften dominiert in der Zeitgeschichte nach wie vor ein Denken in festen

Zeiteinheiten. Dies betont die Gleichgerichtetheit von anonymen Prozessen und die Wahlverwandtschaft von Entscheidungen auf Grund gleichartiger zeittypischer Mentalitäten über ideologische und politische Gegensätze hinweg. Die Strukturveränderungen der jüngsten Zeit lassen sich jedoch besser erfassen, wenn man diese Sichtweise dynamisiert. Man kann zwar Basisprozesse beobachten, die von den Sozialwissenschaften unter Kategorien wie Individualisierung, funktionale Differenzierung, Verwissenschaftlichung und ähnliches gefaßt worden sind, aber sie verliefen in unterschiedlichen Zeittakten und sind längst nicht in allen Fällen voneinander abhängig oder miteinander kausal verschränkt. Folglich muß man mit einem spannungsreichen Nebeneinander unterschiedlicher Geschwindigkeiten und Richtungen von Entwicklungen rechnen, die sich gegen die schlichte Einordnung in eine Epoche sperren. Die sozialstatistisch beschreibbare Welt des anonymen sozialen Wandels wird nach 1960 immer unübersichtlicher und entzieht sich eindeutigen Zuordnungen zu Dekaden oder Epochen. Der zeitliche Horizont der Betrachtungen muß dementsprechend ausgeweitet werden, will man das Woher und Wohin adäquat erfassen.

Gleichzeitig lassen sich Veränderungen in grundlegenden Institutionen beobachten, welche es rechtfertigen, die Metapher vom »Umbau« des Sozialstaats, der Arbeitsgesellschaft oder auch der Familien zu verwenden. Die Möglichkeiten institutioneller Neuordnungen haben sich vermehrt. Deshalb spricht vieles dafür, die Offenheit und die Unbestimmtheit der Entwicklungsrichtungen kategorial zu betonen.

Schließlich muß eine zeithistorische Analyse den Faktor der Beschleunigung von Abläufen in fast allen gesellschaftlichen Bereichen – von der industriellen Produktion über die Kommunikation von Wissen bis hin zur Dauer von Ehen und Partnerschaften – beachten. Deren kumulative Effekte verändern die Gegenwartswahrnehmung und die Zukunftserwartungen der Menschen. Der Zeithistoriker muß sich in dieser Hinsicht mit einer Veränderung der historischen Zeit auseinandersetzen.

Wir versuchen, dieses komplexe Geschehen in den folgenden Kapiteln von drei unterschiedlichen Blickwinkeln aus zu beschreiben. Zunächst fragen wir nach dem Wandel der leitenden Ordnungsmuster, die Wirtschaft, Politik und Gesellschaft zusammenfügten, und beschäftigen uns mit den Wechselwirkungen zwischen ökonomischen Prozessen und politischen Leitideen. Wir wählen den Blickwinkel der politischen Ökonomie, um die großen Trends auf der Makroebene von Wirtschaft, Gesellschaft und Politik besser zu verstehen. Anschließend skizzieren wir die sozialwissenschaftlichen Zeitdiagnosen, welche die Umbrüche und Veränderungen der westeuropäischen Gesellschaften seismographisch beobachteten und prognostisch ausdeuteten. Dies erweitert unser Blickfeld um die gesellschaftlichen, sozialpsychologischen, kulturellen Dimensionen des Zeitgeschehens. Im letzten Kapitel erkunden wir Forschungsthemen und Fragestellungen der zeitgeschichtlichen Forschung nach dem Boom. Wir diskutieren insbesondere Untersuchungsfelder, die mikrogeschichtliche Tiefenbohrungen beziehungsweise Fallstudien erlauben, um die Querverbindungen zwischen den Umbrüchen in Wirtschaft, Politik oder Religion präziser fassen zu können.

Kapitel 1
Strukturbruch und gesellschaftlicher Wandel im letzten Drittel des 20. Jahrhunderts

Als in den späten 1970er Jahren die Zeit des Nachkriegsbooms abgelaufen war, ging nicht nur eine dreißigjährige Hochkonjunktur zu Ende, sondern auch ein Ordnungsmodell der industriellen Lebenswelt. Dessen Konturen hatten sich nach der Weltwirtschaftskrise seit 1929/30 ausgebildet. Sie wiesen trotz der politisch schroff gegensätzlichen Rahmenbedingungen in den Vereinigten Staaten und Großbritannien einerseits und dem faschistisch-nationalsozialistischen Mitteleuropa andererseits eine »entfernte Verwandtschaft« auf,[1] weshalb am Ende des Zweiten Weltkriegs der amerikanische Einfluß ganz unspektakulär mit europäischen Entwicklungen aus der Kriegszeit verschmelzen konnte. Das Fundament des Booms bildeten in Westeuropa der Marshallplan und die Organisation der europäischen wirtschaftlichen Zusammenarbeit, die 1950 im Montansektor institutionalisiert wurde.[2] Richten wir eingangs den Blick zurück auf diese Zeit, um die Strukturen zu verstehen, deren Auflösung und Veränderung dann zu analysieren sind.

Die Entstehung der Nachkriegsordnung

Der Marshallplan vom Juni 1947 bündelte praktische Erfahrungen und theoretische Modelle für die Ordnung von Wirtschaft und Gesellschaft, die im amerikanischen New Deal seit 1933 entwickelt und nach dem Kriegseintritt der USA verfestigt worden waren.[3] Der New Deal hatte eine nationale Koalition zur Überwindung der Wirtschaftskrise und Massenarbeitslosigkeit hervorgebracht, welche die heterogenen Kräfte der Unternehmer, Gewerkschaften und Regierung sowie Repräsentanten aller gesellschaftlichen Schichten im Rahmen eines liberalen Konsenses zusammenband. Die New Deal-Koalition öffnete sich den Ideen des britischen Nationalökonomen John Maynard Keynes. 1936 hatte er in seinem Hauptwerk, das ihn zum einflußreichsten Wirtschaftswissenschaftler der kommenden Jahrzehnte werden ließ, die wirtschaftswissenschaftlichen

Konsequenzen aus den Erfahrungen der Weltwirtschaftskrise gezogen. Vor diesem Hintergrund entfaltete er die Argumente für eine aktive Konjunktur- und Beschäftigungspolitik des Staates.[4] Der Keynesianismus band staatliche Politik in den Wirtschaftsprozeß mit ein, indem er der Regierung die Aufgabe fiskalpolitischer Globalsteuerung zuwies, um Beschäftigung, Geldwertstabilität und Wirtschaftswachstum im Gleichgewicht zu halten und dauerhaft zu sichern. Als der Marshallplan das Startsignal gab für den wirtschaftlichen Wiederaufbau Europas, war damit ein umfassendes Ordnungskonzept verbunden. Die teilnehmenden Länder verpflichteten sich auf die politökonomische Norm der unlösbaren Verbindung von Marktwirtschaft und parlamentarischer Demokratie und ermöglichten von dieser Grundlage her, daß sich das Modell des liberalen Konsenses zwischen Kapital, Arbeit und Staat allmählich ausbreiten konnte. Da es auf den ersten Blick mit älteren Traditionen des Korporatismus harmonierte, trug es im Verlauf von etwa zehn Jahren zur Überwindung von kapitalismuskritischen und klassengesellschaftlichen Politikkonzepten bei, die nach dem Zweiten Weltkrieg das Selbstverständnis der Arbeiterparteien und intellektuellen Sozialisten in Westeuropa zunächst noch prägten.[5] Die Einbindung der nicht-kommunistischen Linken gelang mit Ausnahme von Italien um so leichter, als die Verstaatlichungen beziehungsweise Nationalisierungen von Schlüsselbranchen in der unmittelbaren Nachkriegszeit oder schon in den 1930er Jahren auch auf der Kapitalseite einen öffentlichen Sektor hatten entstehen lassen. Dies half bei der Durchsetzung der neuen Spielregeln im Unternehmerlager. Öffentliche Unternehmen wie Renault oder VW spielten eine wichtige Rolle bei der Weiterentwicklung und Ausgestaltung dieses fundamentalen Nachkriegskompromisses auf der betrieblichen und tarifpolitischen Ebene.

Es kam hinzu, daß die montanindustrielle Integration und später die europäische Einigung im Rahmen der EWG dahin wirkten, das französische Modell der *planification* mit dem keynesianisch inspirierten Konzept der Globalsteuerung aus dem Erfahrungswissen des New Deal zu verkoppeln. Die *planification* entstammte derselben Zeit. In den 1930er Jahren war sie als ein von wissenschaftlicher Expertise geleitetes Konzept zur Steuerung der Wirtschaft praktiziert und dann in den Jahren der deutschen Besetzung und der Vichy-Kollaboration weiterentwickelt worden. Bis dahin bildete sie ein dezidiert antiliberales Ordnungsmodell.[6] Nach 1945 wurde sie durch den Einfluß von Jean Monnet, der auch der Initiator der Montanunion war, in liberalem und demokratischem Sinn umgeformt. *Planification* sollte die Steuerung der Produktion mit dem Ziel industrieller Modernisierung ermöglichen, um ein Absinken der französischen Wirtschaft in Mittelmäßigkeit zu verhindern. Es gelang in der Tat, eine Modernisierungsblockade der französischen Wirtschaft zu überwinden.[7]

Im westeuropäischen Wiederaufbau seit 1948 integrierte der liberale Konsens zwischen Kapital, Arbeit und Staat die ökonomische Theorie des Keynesianismus und den Glauben an die Überwindung sozialer Spannungen durch Wachstum und Produktivität. Beides ruhte auf einem prononcierten Antikommunismus auf, weil der Kalte Krieg die innere Konsensbildung durch das Beschwören eines äußeren Feindes erleichterte. In der Sozialdemokratie förderte dies die Abkehr vom Klassenkampfgedanken und die allmähliche Hinwendung zu einem Handlungsmodell, wonach Gewerkschaften und Unternehmer ihre Interessen gegenseitig als legitim anerkannten und auf der Grundlage der marktwirtschaftlichen Ordnung ihre Ziele gemeinsam aushandelten. Dieser Prozeß verlief insbesondere im nordwestlichen Europa zügig und entschieden. Während der 1950er Jahre fand das Prinzip des liberalen Konsenses seine Ergänzung durch den kapitalistischen Konsens, und beides verband sich in den Ländern der entstehenden EWG mit der je eigenen Tradition von Korporatismus und der Organisation der Arbeitsbeziehungen. In einer ersten Annäherung kann man zwei Gruppen von Ländern unterscheiden: auf der einen Seite Nationen wie Frankreich, Großbritannien oder Italien, in denen der Nachkriegskompromiß entweder auf politischer oder aber auf betrieblich-gewerkschaftlicher Ebene brüchig blieb; auf der anderen Seite Länder wie Schweden, Belgien, die Niederlande, Österreich und die Bundesrepublik, wo die enge Zusammenarbeit von zentral gelenkten Gewerkschaften, Unternehmerverbänden und Regierung die Arbeitsbeziehungen prägte. Hier traten zentral geführte Verhandlungen zunehmend an die Stelle von lokalen oder regionalen Tarifkonflikten, Streiks oder Protestaktionen. In der Bundesrepublik bildete die Transformation der SPD und des DGB zu konsensualen Partnern in der kapitalistischen Ordnung die Vorbedingung dafür, daß sich die Soziale Marktwirtschaft zu einem System entwickelte, welches unternehmerisches Eigeninteresse mit wirtschaftswissenschaftlicher Expertise und Beratung auf der politischen Ebene verband. Eine Hinwendung zu keynesianisch inspirierter Globalsteuerung zeichnete sich seit den frühen 1960er Jahren ab.[8]

Während die Marshallplan-Hilfe eine Homogenisierung der politischen und wirtschaftlichen Ordnung in Westeuropa voranbrachte und auf diese Weise dem Wiederaufbau im beginnenden Nachkriegsboom Kontur verlieh, trug die europäische Integration dazu bei, den Wirtschaftsraum Westeuropa als offenen Markt zu gestalten. Auch hier spielten amerikanische Planungen während des Krieges und insbesondere das System von Bretton Woods eine wichtige Rolle, mit dem im Juli 1944 die Errichtung des Internationalen Währungsfonds und der Weltbank verwirklicht wurde. Dieses System sah feste Wechselkurse mit dem Dollar als Leitwährung vor und ermöglichte innerhalb des Dollarraums den freien Handel auf marktwirtschaftlicher Grundlage.[9]

Washingtons Forderung nach offenen Märkten stand in direktem Widerspruch zur französisch-belgisch-deutschen Kooperation im Montanbereich während des Zweiten Weltkriegs, die immerhin so erfolgreich war, daß in der französischen Presse noch 1949 erwogen wurde, ein großes Industriekombinat aus den Stahl- und Kohleindustrien Lothringens, Luxemburgs, Belgiens, der Ruhr und der südlichen Niederlande zu begründen.[10] Angesichts des ordnungspolitischen Einflusses, den die USA seit Bretton Woods und über die Marshallplan-Behörde ausübten, erwies sich dieser Gedanke als unrealistische Idee aus einer vergangenen Zeit. Frankreich unterbreitete deshalb schon 1950 den Plan einer Montanunion, der die gesamte deutsche und französische Kohle- und Stahlproduktion unter eine gemeinsame »Hohe Behörde« stellte und den anderen Ländern Westeuropas offenstehen sollte. Damit war auch auf der Ebene der bi- und multilateralen Wirtschaftspolitik das Ordnungsmodell der Marktwirtschaft verwirklicht und das politisch-soziale System den Einflüssen des liberal-konsensualen Denkens geöffnet worden.[11]

In den 1950er Jahren kamen in den westeuropäischen Ländern die verschiedenen, ursprünglich heterogenen, aber mittelfristig doch kompatiblen wirtschaftlichen Ordnungsvorstellungen zur Geltung, die aus den 1930er Jahren stammten, am Ende des Krieges umgeformt worden waren und in einem charakteristischen Aspekt übereinstimmten. Sie sahen Wirtschaft, Gesellschaft und Staat in einem Zusammenhang und entwickelten daraus die Überzeugung, daß Produktivität, Vollbeschäftigung und Wohlstand als ein gemeinsames Anliegen begriffen werden mußten. Das Postulat des Konsenses von Kapital, Arbeit und Staat harmonierte durchaus mit der Vorstellung, daß die makroökonomische Konstellation durch Steuerung den je aktuellen wirtschaftlichen Bedingungen angepaßt werden mußte und daß das komplexe System einer nationalen Wirtschaft durch wissenschaftliche Planung und Expertenwissen optimiert werden könne.[12]

Die charakteristische Grundannahme des Steuerungs- und Planungsdenkens bestand darin, daß sie einen verbindlichen Rahmen voraussetzte, innerhalb dessen sich die Volkswirtschaften entfalten sollten. Diesen Rahmen bildete zum einen der nationale Staat, zum andern die europäische Integration, zum dritten das westliche Bündnis unter Führung der USA und schließlich das Weltwährungssystem von Bretton Woods. Diese rahmengebende Konfiguration entstand zwischen 1944/47 und 1952/57. Ihre Festigkeit bezog sie aus dem ideologisch und machtpolitisch generierten Druck des gegnerischen Ostblocks. Der Kalte Krieg machte den inneren Zusammenhalt des westlichen Blocks möglich, die Kernzeit der Entstehungsgeschichte bildeten die Jahre vom Marshallplan bis zur Gründung der Montanunion und der EWG. Das war die Infrastruktur, die im Westen den großen Boom trug.

Als Fremdkörper in diesem Ordnungsmodell wirkte jedoch das koloniale Programm, an dem Frankreich und Großbritannien, aber auch die Niederlande und Belgien so lange festhielten, wie es die internationalen Kräfteverhältnisse erlaubten. In allen Ländern band das für unterschiedlich lange Zeiträume erhebliche materielle Ressourcen – in den Niederlanden nur bis 1949, in Frankreich bis 1962 –, und es schwächte politisch und ideologisch die neuen Prioritäten einer europäischen Integration.

In der Bundesrepublik Deutschland waren die Einflüsse und Wirkungen der handlungsleitenden Kategorien Konsens, Planung und Steuerung mindestens während des ersten Jahrzehnts nach der Staatsgründung noch gar nicht klar auszumachen. Das lag daran, daß für die Protagonisten der Sozialen Marktwirtschaft und vor allem für den politischen Repräsentanten, Bundeswirtschaftsminister Ludwig Erhard, jeder Gedanke an Planung ein Tabu bildete, obwohl es in der Praxis auf vielen Feldern Wirtschafts- und Infrastrukturplanung gab.[13] Die Erinnerung an den nationalsozialistischen Vierjahresplan und die Konfrontation mit der kommunistischen Planwirtschaft in der DDR erforderten ein politisches Selbstverständnis, das jeglichen steuernden Eingriff des Staats in die Wirtschaft strikt zurückwies. Doch die Wirkung der durchaus anderen Gegebenheiten im europäischen und westlich-atlantischen Bezug höhlten dieses ideologische Tabu seit dem Ende der 1950er Jahre aus.

Die Gesellschaft veränderte sich in allen westeuropäischen Ländern mit wachsendem Tempo.[14] Nicht nur in der Bundesrepublik hatten die Argumentationsmuster des Konsensliberalismus Wurzeln geschlagen, die hierzulande im Westernisierungs-Diskurs der politisch-ideellen Eliten seit 1950 von großer Bedeutung waren.[15] Vielmehr spielten auch in anderen westeuropäischen Ländern sowohl Sozialdemokraten als auch Christdemokraten bei der Übernahme des liberalen Konsenses eine führende Rolle, so in Belgien, den Niederlanden, Italien, Österreich, und der Schweiz.[16] Sie trugen dazu bei, daß sich die politische Anschlußfähigkeit des westlich-atlantischen Ordnungsdenkens enorm erweiterte. Zwischen Politik und Wirtschaft bahnten sich Formen der Zusammenarbeit auf der Grundlage von Sachverständigenwissen und planender Expertise an.[17] Die Wirtschaft wuchs mit außergewöhnlichen Prozentzahlen, die Arbeitslosigkeit der frühen Nachkriegsjahre war überwunden. In Belgien, Frankreich und der Schweiz wurden bereits in der unmittelbaren Nachkriegszeit, in der Bundesrepublik seit Mitte der 1950er Jahre ausländische Arbeitnehmer angeworben. Um 1960 war der Boom in allen westeuropäischen Ländern beim kleinen Mann angekommen. Die Wachstumsraten erreichten in den Jahren zwischen 1958 und 1967 Rekordhöhen, die sowohl vorher als auch nachher nur selten erreicht wurden. Seither baute sich Reformdruck auf, den der Wirtschaftsaufschwung erzeugt hatte. Das galt für alle westeuropäischen Industriegesellschaften. Die Mittel und Methoden zur Bewältigung solchen Drucks waren bei der Hand: eine Politik des liberalen Konsenses, die den Fortschritt plante und durch Steuerung das Gemeinwesen modernisierte.

Die Planung des Fortschritts und das Paradigma der Modernisierung

In den 1960er Jahren erreichte der Boom den Zenit. Die ironische Beschreibung der Bundesrepublik um die Mitte des Jahrzehnts als »schwitzendes Idyll« traf durchaus ins Schwarze.[18] Die Gesellschaften Westeuropas, nicht allein die westdeutsche, waren inzwischen vom Erscheinungsbild des fordistischen Produktionsmodells geprägt. Wir nehmen dieses Konzept hier in seiner erweiterten Bedeutung auf, die zwar üblich geworden, aber keineswegs unumstritten ist. Darin bezeichnet es die Kombination von drei Elementen: erstens die standardisierte Massenproduktion auf der Basis kleinteilig zerlegter Arbeitsschritte »am laufenden Band«, die in den USA der Zwischenkriegszeit entstanden und seit 1950 in Europa zum Durchbruch gekommen war. Dies bildete die strukturelle Grundlage für den weiteren Ausbau der Industriegesellschaft. Zweitens verband sich Massenproduktion nach dem fordistischen Modell mit der Erwartung stabiler beziehungsweise wachsender Massennachfrage.[19] Ein solches selbsttragendes Wachstum von Nachfrage war jedoch an spezifische politökonomische Rahmenbedingungen geknüpft, die als drittes Element hinzutraten: gewerkschaftlich erkämpfte Lohnzuwächse, die mit den Produktivitätssteigerungen und Unternehmergewinnen mithielten und auf diese Weise eine Massennachfrage garantierten.

Es ist leicht zu erkennen, daß das fordistische Produktionsmodell in Westeuropa aufs engste mit dem Nachkriegskompromiß zwischen Kapital, Arbeit und Staat verknüpft blieb, weil es starke Affinitäten hatte zur keynesianischen Orientierung auf Nachfragestimulanz und Vollbeschäftigung. Als sich der Aufschwung in den 1950er Jahren festigte und die Voraussetzungen für privaten Wohlstand im »Wirtschaftswunder« geschaffen waren, setzte allmählich der Massenkonsum ein, der im Verlauf der »langen sechziger Jahre« von 1957/58 bis 1973/74 die Lebensformen und materiellen Erwartungen der Nachkriegsgesellschaft in die einer Wohlstandsgesellschaft veränderte.[20] Um 1965 schien das fordistische Produktionsregime zum dauerhaften Ordnungsmodell für Wirtschaft und Gesellschaft geworden zu sein. Ein Gefühl von Sicherheit und Zukunftsgewißheit breitete sich aus. Die Erinnerung an das Kriegsende, als jedes Vertrauen in die Zukunft und in verläßliche Ordnung zerstört zu sein schien, war inzwischen verblaßt. In der Regierungserklärung des deutschen Bundeskanzlers vom 10. November 1965 verkündete Ludwig Erhard selbstzufrieden, das »Ende der Nachkriegszeit« sei gekommen.[21]

Doch in der Konsolidierung des sozialökonomischen Modells und des damit verbundenen Lebensstils war auch sein Wandel angelegt. Die 1960er Jahre entwickelten sich zu einem Jahrzehnt des Aufbruchs, der innovativen Jugendkultur, der nüchtern-funktionalen Umgestaltung von Stadt- und Wohnraum und der Aufbauplanung für die Infrastruktur vom Fernstraßenbau bis in den Hochschulbereich. Sie waren eine Phase ansteigender Ausländerzuwanderung. Die Arbeitsmigranten aus dem Mittelmeerraum übernahmen die niedrig- oder unqualifizierten Arbeitsplätze in der Industrie, während den inländischen Arbeitskräften der Weg in höher qualifizierte Positionen geebnet wurde.[22] In diesen »dynamischen Zeiten« näherten sich Lebensbedingungen und Konsumstandards der westeuropäischen Gesellschaften in einem bis dahin unbekannten Maß einander an. Die neuen Mietwohnblöcke an den Stadträndern ähnelten sich zum Verwechseln. Die nationalen Fernsehkulturen können als Variationen eines europäischen Grundmusters beschrieben werden. Die Automobilmärkte blieben zwar von den nationalen Marken geprägt, doch etablierte sich ein gemeinsames europäisches Profil von Wagentypen, das sich deutlich vom nordamerikanischen Muster unterschied. Das Neue wirkte in erster Linie »westlich«, »modern«. Die nationalen Besonderheiten traten in den Hintergrund, aber sie verschwanden nicht.

Qualitatives Wachstum erforderte technische Modernisierung, Automatisierung und Effizienzsteigerung von Industrieanlagen. Der Bedarf an technisch differenziert ausgebildetem Personal stieg. In ganz umfassendem Verständnis wurden Modernisierung und Reform als Herausforderung an die Gesellschaft und vordringliche Aufgabe der Politik begriffen. Die Diskussion über die Rückständigkeit des Schulsystems leitete wiederum in allen westeuropäischen Ländern, aber mit nationalspezifischen Argumenten und Verzögerungen, eine präzedenzlose Ausweitung des Schul- und Hochschulsektors ein. Die »Bildungsreform« wurde die vielleicht markanteste Chiffre der 1960er Jahre, denn darin bündelte sich der Übergang von der traditionellen Industrieproduktion mit ihrer fordistisch organisierten Mensch-Maschine-Symbiose zur Wissensproduktion und Expertenkultur als Grundlage der Industriegesellschaft eines neuen, modernisierten Typs.[23]

Das Erfordernis des qualitativen Wachstums, der Modernisierung des Ausbildungswesens und der Koordination von Reform in Gesellschaft und Wirtschaft bildete *die* Herausforderung an die Politik. Jetzt stellten sich Planung und Steuerung der sozialökonomischen Entwicklung als eine Aufgabe dar, die nicht den Interessengruppen und Verbänden überlassen werden durfte, sondern politisch zu bewältigen war. Die Stunde der Globalsteuerung kam. Modernisierung wurde zum Leitbegriff des Jahrzehnts von 1964/65 bis 1973/75. Ihm verschrieben sich die westeuropäischen Regierungen dieses Jahrzehnts mit ähnlichem Eifer, aber durchaus unterschiedlichem wirtschaftspolitischen Erfolg. Deutliche Vorteile besaßen allein die Länder mit korporatistischen Traditionen. Andere hingegen, Frankreich, Italien und Großbritannien, erfuhren rasch die Grenzen, welche einer Globalsteuerung gesetzt waren, wenn Kapital und Arbeit kaum Kooperationsbereitschaft zeigten oder die Spitzenverbände beider Lager ihre Mitglieder nicht disziplinieren konnten.[24] So erklärt es sich, daß die politischen und ökonomischen Erfahrungen und Bilanzen dieser Jahre von Land zu Land recht unterschiedlich waren. Den einen Pol bildete die Bundesrepublik, deren sozialliberale Regierung 1976, nach zehn Jahren der – im westeuropäischen Vergleich – höchst erfolgreichen Globalsteuerung und wirtschaftlicher Stabilität, das »Modell Deutschland« ausrief. Den anderen Pol bildete Italien, weil es ein Jahrzehnt voller Streiks, politischer Gewalt, scheiternder Reformvorhaben und galoppierender Inflation durchlebte.[25] Zur Mitte der 1970er Jahre hin ähnelte dann auch die Entwicklung in Großbritannien der italienischen.

Betrachten wir kurz den westdeutschen Fall etwas genauer. Die Charakteristika dieser Modernisierungspolitik lassen sich darin geradezu idealtypisch erkennen. »Wir schaffen das moderne Deutschland« lautete das Wahlkampfmotto der SPD im Bundestagswahlkampf 1969, und es war verbunden mit der Annahme, daß dies durch Planung und Steuerung mittels wissenschaftlicher Politik geleistet werden müsse.[26] Bezweckt wurde die strukturelle Modernisierung. Es war die hohe Zeit der Sozialingenieure, die als Wirtschafts- und Sozialwissenschaftler Parteien und Regierungen berieten und ihre Expertise der Konsensbildung zwischen Staat,

Kapital und Arbeit nutzbar machten. »Planung« hieß die magische Formel. Im »kurzen Sommer der konkreten Utopie« meinten sie einen maßvollen, kontinuierlichen Fortschritt vorausberechnen und politisch umsetzen zu können. Sie wollten den Weg beschreiben zu einer auf Dauer gestellten Prosperität.[27]

In der Bundesrepublik war es die Große Koalition, die ab 1966 die neue Fähigkeit der beiden Volksparteien zu konsensualer Politik in der liberalen Ordnung bestätigte. Sie brachte die Orientierungsmuster aus der Nachkriegszeit zur Geltung und demonstrierte den Erfolg der Westernisierung in der politischen Kultur der Bundesrepublik.[28] Die Große Koalition machte mit idealistischer Verve die Globalsteuerung zum zentralen Anliegen »wissenschaftlichen Regierens«.[29] In der Sache ging es um keynesianisch inspirierte Politik.[30]

Prägnanten Ausdruck fand sie in der »Magna Charta des Keynesianismus«, dem »Gesetz zur Förderung der Stabilität und des Wachstums der Wirtschaft« aus dem Jahr 1967.[31] Dieses Gesetz benannte Maßnahmen, die im Rahmen der marktwirtschaftlichen Ordnung gleichzeitig die Stabilität des Preisniveaus, einen hohen Beschäftigungsstand, außenwirtschaftliches Gleichgewicht sowie ein stetiges und angemessenes Wirtschaftswachstum sicherstellen sollten. Das war das »magische Viereck« des Stabilitätsgesetzes. Es schrieb den weitreichenden Steuerungsanspruch der Wirtschaftspolitik fest. Das Stabilitätsgesetz war Ausdruck einer technokratischen Utopie, die meinte, den Fortschritt normieren und dauerhaft gestalten zu können.[32]

Das »Profil der Reformära«[33] blieb nicht auf Wirtschaftspolitik und keynesianische Globalsteuerung beschränkt. Vielmehr gab es auch der Gesellschaftspolitik Kontur. Die Regierung der Großen Koalition reklamierte für sich eine »vorausschauende Gesamtpolitik« mit dem Ziel gesamtgesellschaftlicher Modernisierung. Der umfassende Anspruch auf das »Gesamte« sticht ins Auge und dokumentiert in der öffentlichen Rhetorik die hohe Bedeutung des Konsenses im politischen Raum als zeittypisches ideologisches Leitprinzip. Nach dem erfolgreichen Wiederaufbau, gar im Bewußtsein vom »Ende der Nachkriegszeit«, galt es jetzt, die Engführungen in der bisherigen Entwicklung zu überwinden und global, »für das Ganze«, zu denken.[34] Der Wille zur Modernisierung des Gemeinwesens schlug sich gleichermaßen in der Rechts- und Gesellschaftspolitik nieder, wo es um Emanzipation und Liberalisierung ging. So wurde die Diskriminierung der unehelichen Kinder beseitigt und die Rechtsstellung der ledigen Mütter gestärkt. Soziale Randgruppen wurden aus ihrem Schattendasein befreit und in die öffentliche Wahrnehmung gerückt. Die Förderung der sozial Schwachen und Unterprivilegierten ging aus dem Impuls der Koalitionsparteien hervor, die Konfrontation aus den Wiederaufbaujahren entlang klassen- und schichtenspezifischer Gegensätze jetzt endgültig für überwunden zu erklären und den Konsens durch »Gesamtpolitik« für die Gesellschaft nutzbar zu machen. Der darin eingelagerte Machbarkeitsglaube und Fortschrittsoptimismus leitete mehr noch als in der Großen Koalition die Modernisierungsplanung und Gesetzesinitiativen der sozialliberalen Koalition ab 1969.

Die Planungseuphorie galt dem Fortschritt und der Modernisierung in einem Verständnis, welches die Protagonisten des liberalen Konsenses vorgedacht und zu verwirklichen gehofft hatten – klassen- und schichtenübergreifend, ideologiefrei, pragmatisch. 1960 hatte der amerikanische Soziologe Daniel Bell den Erfolg dieses Konzepts verkündet.[35] Wie wir sahen, bestanden in verschiedenen westeuropäischen Ländern erhebliche Hindernisse auf dem Weg zu solchen Idealzuständen. In Großbritannien dominierten im Alltag weiterhin ausgeprägte Klassengegensätze. In Frankreich oder Italien existierten zusätzlich zu den Klassengegensätzen scharf gezeichnete ideologische Fronten zwischen den Linksparteien und dem bürgerlichen Lager, zwischen Gewerkschaften und Unternehmern. Überall machte sich jedoch als kritischer eigenständiger Faktor eine Neue Linke bemerkbar, die sich gegen den Fortschritts- und Modernisierungskonsens in allen westlichen Ländern formierte und seit den frühen 1960er Jahren insbesondere die Reformkräfte mit alten und neuen marxistischen Kategorien angriff.[36] Die Studentenbewegung von Berkeley über Paris bis nach West-Berlin gab dem Unbehagen am »Establishment« vehementen Ausdruck. In den Protesten kündigte sich an, daß es unmöglich war, den Glauben an die Machbarkeit des Fortschritts als dauerhaft betrachten zu wollen.[37]

Die technokratische Vision, daß Verwissenschaftlichung des politischen Handelns die Herausforderungen der Gegenwart in den Griff bekommen und gewissermaßen letztgültig regeln könne, erwies sich bereits im bewegten Jahr 1967/68 als Utopie. In Ländern, wo der Nachkriegskompromiß fragil war, das Modell des liberalen

Konsenses weniger dominant zur Geltung kam und die gesellschaftlichen Ungleichheiten auch in den Boomjahren deutlich sichtbar blieben, verband sich der Studentenprotest aufs engste mit den materiellen Forderungen der unqualifizierten Arbeiter. Sie verlangten höhere Löhne und kämpften darum, daß die vielen Reform- und Konsumversprechungen dieses Jahrzehnts nun endlich eingelöst würden. Deshalb gehört die Wiederkehr der Klassenkampfs in Italien und Frankreich, aber auch in Großbritannien zum Erbe der Neuen Linken im Jahr 1968.[38]

Der Kampf der Studentenbewegung gegen das »Establishment«, gegen die Träger des Konsenses in allen Bereichen des Alltags und des politisch-gesellschaftlichen Reformbemühens, schloß allerdings nicht allein die Aufbruchsstimmung in der Jugendkultur in sich sowie das Bedürfnis, soziale Normen zu revidieren und Liberalisierung zu erreichen. Vielmehr stellte sich mit der Zeit heraus (und manche ahnten das schon sehr früh), daß die Strömungsrichtung der Bewegung ihren Preis haben würde – sei es den des reaktionären Gegenschlags, wie ihn der amerikanische Kultfilm »Easy Rider« (1969) mit seinen letzten Bildern in Szene setzte, sei es die Fanfare in dem Hit von Kris Kristofferson und Janis Joplin »Me and Bobby McGee« (1969/70), die zum Klassiker wurde: »Freedom is just another word für nothing left to lose«. Das war gar nicht mehr so weit entfernt vom ratlos-aggressiven Ton des englischen Punk seit den mittleren 1970er Jahren mit der Parole »No future«. Eric Hobsbawm hat darüber bald nach 1990 in seinem Meisterwerk über »Das Zeitalter der Extreme« nachgedacht und den »Erdrutsch« nach dem Ende des keynesianischen »goldenen« Zeitalters auch aus der Dynamik der »kulturellen Revolution« begründet. Diese habe den »dramatischen Zusammenbruch der Traditionen und Werte« vorangetrieben und dann aber keinerlei neue, andere Werte im Angebot gehabt, die sie an die Stelle setzen konnte.[39]

Aktuell indessen verkörperte die Bewegung der Achtundsechziger Aufbruchstimmung. Sie verkörperte den Aufbruch in eine offene, andere Zukunft als die, welche die Planer der Globalsteuerung auf Dauer stellen wollten und mit dem Fortschritt identifizierten. Diese Stimmung korrespondierte mit Entwicklungen in der internationalen Politik, die trotz aller Gegensätzlichkeit auf das Ergebnis hinausliefen, die Verbindlichkeit der Nachkriegsordnung zu relativieren. Im letzten Drittel der 1960er Jahre überlagerten sich der

Vietnamkrieg und die Entspannungspolitik. Anders gesagt: Hier begann die moralische Delegitimierung der USA als politisch-kultureller Führungsmacht im Wiederaufbau des Westens nach dem Zweiten Weltkrieg, und simultan minderte sich die Aura des Bedrohlichen, die dem Kommunismus und der Sowjetunion zugemessen worden war, bevor die Bestrebungen zur politischen und rüstungstechnischen Entspannung vorankamen.[40] Der kybernetische Diskurs über Planungssteuerung in den Industriesystemen des Westens und des Ostens setzte in der Bundesrepublik sozialwissenschaftliche Debatten über den »Systemvergleich« ungeachtet der Gegensätze in der politischen, wirtschaftlichen und gesellschaftlichen Ordnung in Gang.[41]

Die innere Kohäsionskraft nahm ab, die in den westlichen (wie auch den östlichen) Gesellschaften die Stabilisierung im Verlauf von zwei Jahrzehnten seit 1945 ermöglicht hatte. Das zeigten die Unruhen des Jahres 1968 auch in der ČSSR. Der Einmarsch von Truppen des Warschauer Pakts wirkte in den »Bruderländern« der UdSSR in weit stärkerem Maß wie ein Schock als im Westen.[42] In die gleiche Richtung weist die »Strategie der Spannung«, mit der Teile der italienischen Sicherheitskräfte die scheinbar drohende Machtübernahme durch Kommunisten und Neue Linke in den späten 1960er und frühen 1970er Jahren zu verhindern suchten.[43]

Sozialliberale Reformpolitik als Signum der 1970er Jahre

Die SPD versprach 1969, »das moderne Deutschland« zu schaffen. Valéry Giscard d'Estaing führte seinen Wahlkampf 1974 im Zeichen von Jugendlichkeit und Reformversprechen gegen seinen sozialistischen Gegner François Mitterand, der seinerseits noch weiter ging und für noch mehr Reformen eintrat. Vom Meinungsklima jener Jahre stimuliert, erklärte der Reformwille den Staat für die öffentliche Wohlfahrt und die Sicherung der Vollbeschäftigung zuständig. Das war eine keynesianisch inspirierte Auffassung, die fast zwangsläufig auf die Ausweitung staatlicher Steuerungskompetenz und die Erweiterung staatlicher Zuständigkeiten hinauslief. Perspektivisch setzte das die anhaltende Verbindlichkeit des festen Rahmens nationaler, europäischer und bündnispolitischer Bedingungen voraus. Nur unter dieser Voraussetzung konnte »der Staat« die Kompetenzansprüche verwirklichen, welche ihm das wissenschaftliche Expertentum und die Praxis rationaler Planung in der fortschrittsoptimistischen Zeitstimmung zumaßen.

Der Wille zur Modernisierung baute auf den vorhandenen festen Strukturen des marktwirtschaftlich und im liberalen Konsens organisierten Industriesystems auf. Die Stabilität und Leistungsfähigkeit dieser ökonomischen Strukturen wurde auch von radikaleren Reformkräften des linken Spektrums keineswegs angezweifelt, die nach Demokratisierung der Wirtschaft riefen. Ihnen ging es um mehr Kontrolle und Umverteilung im künftigen Wohlstandszuwachs. Da die Gesellschaftspolitik der 1970er Jahre mittels Rahmenplanung und Globalsteuerung die Modernisierung zu ihrem Programm machte, stand alles, was legislativ angepackt und in Parlament und Öffentlichkeit verhandelt wurde, in der Perspektive des Fortschritts, des Neuen und Besseren. Der Aufbruchsgeist der Zeit trug diese Einschätzung und wurde zugleich von ihr verstärkt. Die Vision der *Gesamt*politik erzeugte Arbeitsfelder des Staats, auf denen Regierung und Verwaltung mit dem Mittel rationaler Planung und wissenschaftlichen Expertentums die Gesellschaft in ihrer Gesamtheit zu gestalten versuchten. Im Zentrum standen das Bildungswesen und der Gesundheitsbereich. Andere wichtige Felder waren Städtebau, Raumordnung und Verkehrswesen, gleichermaßen Energie und Umwelt. Die Reformen schufen neue Berufsfelder und ließen neue Arbeitsmöglichkeiten entstehen. Am stärksten fiel die Expansion im Bildungs- und Gesundheitssektor aus, wo der Ausbau unabweisbar war und das Anliegen der *Gesamt*politik besonders wirksam umgesetzt werden konnte.

Der Reformwille erhielt zahlreiche Impulse aus der Lebensstilrevolution, die aus ihren Anfängen in der Jugendkultur und den Protestformen gegen das »Establishment« längst herausgewachsen war und die Alltagsnormen der jüngeren Altersgruppen schichtenübergreifend bestimmte. Die Jugend erstrebte überall in Westeuropa die moderne Alternative zur offenbar überlebten Mentalität des Wiederaufbaus und der Konsolidierung in der Nachkriegszeit, und überall nahmen weite Teile der liberalen Mitte und der reformorientierten Linken diese Grundströmung auf, münzten sie in innere Reformen um.[44]

Diese zielten zum einen darauf, die rechtlichen Normen im Bereich der Lebensgestaltung den erweiterten Freiheitsansprüchen der jüngeren Generationen anzupassen. Der Kuppeleiparagraph wurde abgeschafft, gleichermaßen die Strafverfolgung von Homosexuellen. Die Regelungen der Abtreibung wurden liberalisiert. Die größten Veränderungen gab es bei der rechtlichen Gleichstellung der Geschlechter und der Reform des Eherechts. Hier schlossen sich die katholischen Länder in den 1970er Jahren den egalitären Standards der protestantischen Länder des Nordwestens an. Die inneren Reformen stießen vor allem dort auf erbitterten Widerstand, wo die traditionelle Sozialmoral der Älteren einen Rückhalt im konservativen Lager des Katholizismus fand – Italien ist hier sicher das bekannteste Beispiel, aber es galt auch für Teile der westdeutschen und französischen Öffentlichkeit. Diese »Modernisierungs«-Reformen einten gewiß ihre politischen Protagonisten in den liberalen und sozialdemokratischen Parteien. Manches spricht dafür, die sozialliberale Koalition in der Bundesrepublik in dieser Hinsicht als durchschlagskräftigste und langlebigste Variante eines umfassenderen westeuropäischen Reformbündnisses zu interpretieren. Es kennzeichnet die Stärke dieser zeitgenössischen Ideenkombination, daß sie auch in den gemäßigt konservativen Parteien zur Geltung kommen konnte und eine weitere Runde des *aggiornamento* in der europäischen Christdemokratie, bei den britischen Konservativen und den französischen Gaullisten einleitete.

Vor allem aber charakterisierte der Ausbau des Wohlfahrtsstaats diesen Reformtrend der 1970er Jahre. In der Bundesrepublik wurde die Zeit von 1969 bis 1975 zur Phase der größten Beschleunigung sozialstaatlicher Expansion.[45] Das Sozialbudget wuchs um 8 Prozentpunkte von 25,5 auf 33,4 Prozent.[46] Umgekehrt erzeugte die Reformpolitik in der Gesellschaft den Anspruch auf staatliche Leistungen. Solange der Neuheitswert von Reformen unbestritten war, galten diese Maßnahmen als Fortschritt. Sie wurden begrüßt als Beiträge zur Modernisierung, zur rational geplanten, gesteuerten Optimierung der Gesellschaft, um sie im Kreis der führenden Industrienationen auf möglichst hohem Niveau stabilisieren zu können. Es gehört zweifellos zu den Paradoxien der europäischen Entwicklung, daß die letzten Schübe zur Ausweitung der Sozialversicherung und Anhebung ihrer Leistungen, schließlich die großzügige Ausgestaltung sozialer Dienste in die 1970er Jahre fallen. Damals sahen aufmerksame Rechner und skeptische Kritiker bereits die Risiken einer solchen Politik und wiesen darauf hin, daß diese weder die veränderten demographischen noch die zunehmend unsicheren ökonomischen Rahmenbedingungen in Rechnung stellte. Die expansive Sozialpolitik war in diesem Sinne der Schlußstein des westeuropäischen Modernisierungsmodells. Er wurde erst gesetzt, als der Boom bereits vorbei war.

Das »(west)europäische Sozialmodell«[47] war politisch gerade fertiggestellt, als es nach der Krise 1973/74 einer ersten längeren Belastungsprobe unterworfen wurde. Mit ihren rechtlich abgesicherten Leistungen und den kollektiven Erwartungen an individuelle Zukunftssicherheit und Besitzstandswahrung stabilisierten die westeuropäischen Ordnungsmodelle des Sozialstaats für weitere drei Jahrzehnte die Gesellschaftsordnung des Booms. Sie federte in erheblichem Maß die Erschütterungen ab, welche die Umbrüche der Konjunktur und der Strukturwandel der Wirtschaft in den westeuropäischen Gesellschaften während der folgenden Jahrzehnte auslösten. Gleichwohl begannen sie langsam neue Gruppen von Gewinnern und Verlierern der sozialstaatlichen Arrangements, von abgesicherten und prekären Existenzen, hervorzubringen.

Gegenkräfte und Alternativen

Eine solche Bilanz der konsensliberalen, sozialdemokratischen Reformära in Westeuropa bliebe unvollständig ohne den Hinweis auf die mitwachsenden Spannungen. Die konservativen Gegenkräfte mit ihrem Festhalten an traditionellen Ordnungsmodellen sind bereits benannt worden. Sie befanden sich überall in der Defensive und konnten sich dem Sog liberal-sozialer Reformpolitik letztlich nicht entziehen. Viel stärker wirkten die strukturellen Gegenkräfte, die sich aus den Turbulenzen der Währungskonjunktur und dann der gesamten Weltwirtschaft ergaben. 1971 brach das System von Bretton Woods zusammen, als die USA das Ende der Dollar-Gold-Konvertibilität verkündeten und die Wechselkursbindung an den Dollar aufgegeben werden mußte. Der stabile Rahmen der internationalen Wirtschaftsordnung der Nachkriegszeit existierte nicht mehr. In der Bundesrepublik Deutschland stieg die Geldentwertung von zwei Prozent 1969 über fünf Prozent 1971 auf sieben Prozent 1973. Die Arbeitslosigkeit lag 1970 bei 0,7 Prozent und stieg bis

1975 auf 4,8 Prozent an. Das entsprach durchaus der internationalen Entwicklung und nahm sich im Vergleich zu anderen Ländern eher maßvoll aus. Das unmittelbare Ergebnis der Inflation bestand in zunehmenden Verteilungskämpfen zwischen Kapital und Arbeit. Es wurde jetzt deutlich häufiger gestreikt als in den 1950er und frühen 1960er Jahren. In den meisten westeuropäischen Ländern entstand eine Preis-Lohn-Spirale, welche die Spielräume für soziale Reformpolitik immer enger werden ließ und das Steuerungskonzept des Keynesianismus delegitimierte.[48] Noch vor dem tiefen Einschnitt, den die Erdölkrise 1973/74 bewirkte, geriet eine längerfristige Entwicklung an ihr Ende. Die Gestaltungskraft des politökonomischen Modells, das vom Konsens, vom Handlungszusammenhang zwischen Kapital, Arbeit und Staat, geprägt wurde, erlahmte seit 1970/71.

Jetzt setzte die Wende zu einer ideologisch strikt antikeynesianischen Wirtschaftstheorie ein. Sie war mit dem Namen des amerikanischen Ökonomen Milton Friedman verbunden und wurde als Monetarismus bekannt.[49] Nach Friedmans Verständnis mußte die Stabilität des Geldwerts über ein kontrolliertes Wachstum der Geldmenge gesteuert werden, nicht über Globalsteuerung. Das implizierte eine Schwerpunktverlagerung im Verhältnis von Wirtschaft und Staat und verschob die geldpolitische Verantwortung von der Regierung zur Zentralbank. Mit dem Vorrang der Geldpolitik vor der Wirtschaftspolitik war das Plädoyer für den Markt und gegen den Staat verbunden.[50]

Das monetaristische Konzept zielte darauf, den Einfluß des Staats zu reduzieren. Milton Friedman gehörte zur Chicagoer Schule der Nationalökonomie, die sich schon seit der frühen Nachkriegszeit gegen Keynes gestellt hatte und der auch Friedrich August von Hayek nahestand.[51] Wie Friedman war Hayek ein radikaler Gegner jeglichen staatlichen Eingriffs in das Marktgeschehen. Seine Auffassungen hatte er in der Auseinandersetzung mit dem Nationalsozialismus entwickelt, dessen »sozialistische« Wurzeln er herausstellte. Daraus ergab sich für ihn eine Feindschaft gegen jede Art von Sozialismus, was ihn mit Friedman gegen Keynes verband. Während Keynes vor dem Hintergrund der Weltwirtschaftskrise eine zur sozialen Demokratie hin offene Theorie entwickelt hatte, sah Hayek vor dem Hintergrund der nationalsozialistischen Herrschaft über Europa und dem Machtzuwachs der Sowjetunion in jeglicher Form von Sozialismus eine Bedrohung der Freiheit. In seinem Buch aus dem Jahr 1944 »The Road to Serfdom« entfaltete er eine radikale Freiheitsideologie.[52]

Nach dem Krieg bekämpfte Hayek den Keynesianismus, dessen Orientierung auf die Vorstellung eines kapitalistischen und liberalen Konsenses und Inpflichtnahme des Staats für wirtschaftspolitische Globalsteuerung er nicht anders als sozialistisch empfinden wollte. Hayek und Friedman standen verschiedenen Institutionen und Denkschulen nahe, dem *Institute of Economic Affairs* in London oder der *Mont Pèlerin Society*, die beide seit den späten 1940er Jahren den Kern eines Netzwerks prononciert antisozialistischer und bisweilen radikal liberaler Wirtschafts- und Gesellschaftstheoretiker bildeten.[53] In den 1950er und zumal den 1960er Jahren führten diese *think tanks* ein Schattendasein als Intellektuellenzirkel ohne viel öffentliche Resonanz. Nach 1970 agierten sie dann als einflußreiche Agenturen zur Verbreitung der marktradikalen Freiheitsideologie Hayeks und der ökonomischen Theorien Friedmans. Kaum war das staatszentrierte politökonomische Modell des Konsenses in den USA und Westeuropa verblaßt, erfolgte der Durchbruch des alsbald so genannten Neoliberalismus. Hayek wurde 1974, Friedman 1976 mit dem Nobelpreis ausgezeichnet. Der Regierungsantritt von Margaret Thatcher 1979 und Ronald Reagan 1980 erbrachte dann den Nachweis, daß der Vorrang des Marktes jetzt programmatisch in die Regierungspolitik eingeführt werden konnte.

Zur selben Zeit traten noch gänzlich andere Gegenkräfte auf den Plan. Die Umwelt- und Anti-AKW-Bewegung, die Frauenbewegung und die Friedensbewegung ließen deutlich erkennen, daß politische Entscheidungen nach Maßgabe staatlicher, technischer und sozialplanerischer Problemwahrnehmung nicht mehr selbstverständlich akzeptiert wurden.[54] In diesen »Neuen sozialen Bewegungen« kamen sozial höchst unterschiedliche Gruppen und Erfahrungen zusammen – wertkonservative Naturschützer, die wie Herbert Gruhl ihre politische Heimat vorher am rechten Rand des Konservatismus gefunden hatten, und neue Linke, die ihre marxistischen und klassenkämpferischen Überzeugungen nun ökologisch wendeten, oder katholische wie evangelische Gruppen, die ihre pazifistischen Überzeugungen in diese Initiativen einbrachten. Für Militanz und Gewaltsamkeit sorgte schließlich die »autonome« Jugendszene, neben der noch kleineren Kampfgruppen der radikalen Nach-Achtundsechziger-Linken existierten. Die Autonomen artikulierten frühzeitig im Jargon anarchistischer Freiheits- und Widerstandsemphase das Lebensgefühl der geprellten Generation, jener Jugendlichen, die ihre Lebensentwürfe verstellt sahen durch Arbeitslosigkeit oder ganz neuartige Ausbildungs- und Erfolgszwänge auf dem Weg zum gesellschaftlich konformen Glück. Überall gehörten schließlich auch die *neoruralistes* dazu, die »Aussteiger«, jene alternativen Gruppen, welche die Versprechungen der Kulturrevolution von 1968 in einem kollektiven Leben fernab der Metropolen und ihrer Zwänge zu realisieren versuchten.

Diese bunte Mischung sozialer Erfahrungen und Motivationen wurde jedoch durch drei gemeinsame Feindbilder zusammengehalten. Das waren der Staat, das Kapital und der Fortschritt. Die größte Projektionsfläche gemeinsamer Gegnerschaft war sicherlich der Staat als technokratisch-zentralistische Modernisierungsagentur. Gegen ihn wurde »Freiheit« eingefordert in dem Sinn, daß die Bewegungen den umfassenden Ordnungsanspruch des Staats zurückwiesen und die Nichtbeachtung zivilgesellschaftlicher Interessen lautstark kritisierten.[55] Zum andern aber wurden die oppositionellen Forderungen im Bewußtsein vorgetragen, daß der Rahmen des Nationalstaats und der gewohnten wohlfahrtsstaatlichen Ordnung seine Stabilität und Verbindlichkeit behalten werde. Auch hier beobachten wir, daß die kritischen Erwartungen nach vermehrter Mitsprache, Mitbestimmung und Mitgestaltung in öffentlichen Belangen auf dem Fundament der Gewißheit von Stabilität und Sicherheit aufruhten. Der anti-etatistische Reflex blieb also politisch vieldeutig, transportierte aber die gewachsenen Partizipationsansprüche der Bürger, welche in der Folge von 1968 und im Kontext des sozialliberalen Reformkonsenses in den Politikarenen der Parlamente und Regierungskoalitionen grundsätzlich anerkannt wurden.

Die antikapitalistische Stoßrichtung nahm keineswegs mehr wie noch bei den Achtundsechzigern sozialistische Züge an. Gleichwohl war es Konsens innerhalb der Bewegungen, daß der Markt und die Großunternehmen profitierten, wenn der Staat Atomkraftwerke, Waffenkäufe oder Straßen- und Startbahnbauten plante, und daß in jedem Fall ohne Rücksicht auf Umwelt und Natur gehandelt wurde.

Übereinstimmung zwischen den unterschiedlichen Strömungen

bestand schließlich darin, daß der Fortschritt der Modernisierer und Planer in die falsche Richtung lief. »Die Zerstörung des Planeten« wurde zu einer viel verwendeten Metapher der Neuen sozialen Bewegungen, in der sich neue und alte apokalyptische Phantasien mischten. Diese breite Gegenströmung der sozialen Bewegungen nutzte den Politisierungsschwung und die Partizipationserwartungen, die nach 1968 durch alle westeuropäischen Länder liefen. Sie blieben abhängig von politischen Gelegenheiten und Anlässen, wie vor allem ihre politischen Kader enttäuscht feststellen mußten. Die politische Ethik dieser Gegenströmungen überdauerte indes die 1970er und frühen 1980er Jahre. Sie bot dem moralischen Impetus und dem fortschrittsskeptischen Lebensgefühl insbesondere der Heranwachsenden eine Grundlage. Deshalb steht die politische Schwäche der Bewegungen in deutlichem Gegensatz zu ihrer moralischen und thematischen Ausstrahlung. Auch dort, wo seit den 1980er Jahren grüne oder ökologische Parteien keine wichtige Rolle im politischen Spektrum gespielt haben – zum Beispiel in Großbritannien und, mit Einschränkung, in Frankreich –, verbreiteten sich fortschrittsskeptische ökologische Positionen. Ideen dieser Bewegungen beeinflußten mit der Zeit die Mehrheitsmeinung.

Vom Niedergang der Traditionsindustrien zur Krise der »Arbeitsgesellschaft«

Als der Nachkriegsboom in den 1960er Jahren den Zenit durchlaufen hatte, zeigten sich die Anzeichen des Strukturwandels auf verschiedenen Ebenen, unter denen die Ebene der Wirtschaftstheorie gewiß die abstrakteste war. Im Bedeutungsanstieg des Monetarismus bildete sich allerdings nicht bloß der Gegensatz zwischen wirtschaftsideologisch antagonistischen Positionen ab, deren eine nach jahrzehntelanger Geltung keine Gestaltungsmacht mehr entfaltete, während die andere bis zu den Nobelpreisen von 1974 und 1976 noch keine dominierende Bedeutung erlangt hatte. Vielmehr signalisierte der allmähliche Übergang vom keynesianischen zum monetaristischen Modell, daß international Strukturveränderungen im Industriesystem spürbar wurden, die mit dem bisherigen wirtschaftspolitischen Instrumentarium offenbar nicht erfaßt werden konnten. Es stellten sich neue, andere Herausforderungen an wichtige Industriebranchen und an die Regierungen der verschiedenen Länder Westeuropas. Der Strukturwandel vollzog sich auch auf der Ebene der Industrieproduktion, und daraus ergab sich eine zunehmend dynamische Interaktion zwischen den materiellen und ideellen Triebkräften des Umbruchs.

Längst vor dem Ende des Booms waren verschiedene Industriezweige in eine krisenhafte Lage geraten, weil ihre Produktion nicht mehr gewinnbringend abzusetzen war. Am frühesten hatte der Niedergang der Steinkohle begonnen, der durch den Siegeszug des Erdöls noch forciert wurde. Aus der historischen Rückschau begann mit dem Ende der Kohlegewinnung auch der Niedergang der industriellen Welt, wie sie die »Hochmoderne« seit der Industrialisierung prägte.[56] Diese industrielle Moderne bildete den Erfahrungsraum aller lebenden Generationen und bestimmte ihren Erwartungshorizont.[57] Deshalb ist es für den Historiker nicht ratsam, den industriellen Strukturwandel nach dem Boom allein sozialgeschichtlich oder politökonomisch oder institutionengeschichtlich zu analysieren. Dieser Strukturwandel erzwang Mentalitätenwandel, und weil sich Mentalitäten nur langsam verändern, liegt hier eine besondere Herausforderung für die historische Interpretation.

Im amerikanischen Industrierevier südöstlich der Großen Seen schlossen die Kohlegruben zuerst, gefolgt von Mittelengland, Belgien, Nordostfrankreich und dem Ruhrgebiet. Nach den Zechen kamen die Werften und die Eisenhütten, schließlich die Webereien und Spinnereien.[58] In Westeuropa setzte dieser Prozeß am Ende der 1950er Jahre ein, verstärkte sich nach 1970 und durchzog auch noch die 1980er Jahre. Besonders krisenreich war das Jahrzehnt nach 1974, weil sich jetzt bemerkbar machte, daß manche Produktionsstandorte infolge des internationalen, vor allem fernöstlichen Konkurrenzdrucks auch mit staatlichen Subventionen nicht mehr aufrecht zu erhalten waren. Gegen den wachsenden Einfluß der neoliberalen Denkschule im Wirtschaftsgeschehen war Subventionspolitik ohnehin nicht mehr ohne weiteres vertretbar.

Der Ölpreisschock vom Winter 1973/74 bildete mithin nur den Auslöser für eine weitere Verschärfung der insgesamt zunehmenden Krisenerscheinungen in der Wirtschaft, aber er verstärkte den Strukturwandel und schärfte das Bewußtsein, daß die Aufwärtsentwicklung in den Jahren des Booms kein gesellschaftlicher Dauerzustand mehr sein würde. Der Anstieg des Ölpreises um das Vierfache brachte die energieabhängige Wirtschaft in Schwierigkeiten und trug zum Rückgang des Sozialprodukts und zum weiteren Anstieg der Arbeitslosenzahlen bei.[59] 1979 kam die nächste Verteuerung des Erdöls. Der weltwirtschaftliche Einbruch in Folge der beiden Ölkrisen beeinflußte die Entwicklung bis in die Mitte der 1980er Jahre. Gestiegene Energie- und Rohstoffpreise, Unsicherheit auf den Finanzmärkten und zurückgehende internationale Nachfrage schlugen jetzt auf jene Krisenbranchen durch, die ohnehin schon mit Absatzschwierigkeiten zu kämpfen hatten. Die Wirtschaft mußte Kosten senken, rationalisieren, neue Märkte erschließen.

Die Industrie fing den Anpassungsdruck ab, indem sie unrentable Betriebe stillegte, die Produktionszweige mit maschinell-manueller Fertigung aufgab oder sie durch Automatisierung rationeller gestaltete. Die künftige Wirklichkeit industrieller Produktion auf der Grundlage der Mikroelektronik begann sich abzuzeichnen, und die neue Welt computergestützter Erwerbsarbeit breitete sich aus. Die körperliche Schwerstarbeit, die vor allem im Montanrevier und in den Werften das Arbeitsleben geprägt hatte, verschwand zu großen Teilen aus dem Arbeitsalltag. Hier vollzog sich jetzt der wirtschaftlich wie sozialkulturell tief einschneidende »Abschied vom Malocher«.[60] In den Stahlfabriken wurden die Werkshallen geschlossen, wo die Arbeiter im Lärm von Maschinen und im Dunst von Schmieröl und Ruß ihren Platz gehabt hatten. In den Textilfabriken verstummten die Geräusche der Webstühle, die den rastlosen Takt der Mensch-Maschine-Symbiose des Industriezeitalters vorgegeben hatten. Moderne Hallen, fast menschenleer, bestimmten jetzt das Bild von zeitgemäßer Industrie. Der technisch höher qualifizierte Arbeitnehmer mit differenzierter Berufsausbildung trat an die Stelle des bisherigen Industriearbeiters. Verfahrenstechnische Neuerungen und EDV-gestützte Prozeßsteuerung marginalisierten die körperliche Schwerstarbeit. Die Arbeit neuen Typs bestand aus Überwachen, Steuern, Optimieren. Das erzeugte jene Arbeitslosigkeit, die sich für mehr als zwei Jahrzehnte als nicht überwindbar erweisen und zu einer tiefgreifenden Veränderung der Arbeitsgesellschaft führen sollte.

Die Arbeitslosigkeit stieg in allen westeuropäischen Ländern in den 1970er und 1980er Jahren an. In der Bundesrepublik Deutschland kletterte die Zahl der gemeldeten Arbeitslosen zwischen 1970 und 1985 von 0,7 auf 9,3 Prozent der Beschäftigten und erreichte in den mittleren 1980er Jahren 2,3 Millionen. Diesen Arbeitslosen standen in der Aufschwungphase von 1984 bis 1989 aber nur 159.000 offene Stellen gegenüber.[61] Auffällig ist, daß in dieser Phase mit Ausnahme Skandinaviens in allen westeuropäischen Ländern jährlich zwischen acht und zwölf Prozent der Beschäftigten arbeitslos waren. Besonders betroffen waren immer die gering oder nicht qualifizierten Arbeitskräfte beiderlei Geschlechts. In vielen Ländern traf der Einbruch der traditionellen Arbeitsmärkte zunächst die Jugendlichen besonders hart, und dort vor allem junge Männer. In Italien, Frankreich, aber auch in Großbritannien war die Jugendarbeitslosigkeit seit Mitte der 1970er Jahre am höchsten. In manchen Jahren machten die Jugendlichen bis zu 40 Prozent aller registrierten Arbeitslosen aus. Damit wuchs seit den späten 1970er Jahren in vielen Ländern Westeuropas eine Generation heran, die mit den neuen ökonomischen Unsicherheiten hautnah konfrontiert wurde – in Form von Arbeitslosigkeit, prekären Jobs, Praktika oder Zeitverträgen. Der Weg zu stabilen, dauerhaften Arbeitsverhältnissen wurde für diese »geprellte Generation«[62] immer länger. Sofern sie in den alten Industrieregionen aufwuchsen, waren ihre Chancen noch einmal deutlich schlechter. Überall gehörten die Arbeitsmigranten aus der Zeit des Booms mit ihren Kindern zur Gruppe derer, die überproportional stark von der Arbeitslosigkeit betroffen waren.

Hinter den Zahlen verbarg sich eine Veränderung, die über den Strukturwandel der Wirtschaft hinausreichte und das Zusammenspiel von Wirtschaft, Gesellschaft und Staat umgestaltete. Sie beeinflußte die Wahrnehmung des Erwerbslebens und das Selbstverständnis der Arbeitsgesellschaft. Die Menschen, die im produzierenden Gewerbe arbeitslos wurden, konnten mit ihren erlernten Fähigkeiten meist keine neue Arbeit finden, zumal dann, wenn sie bereits über vierzig Jahre alt waren. Umschulungskurse der Arbeitsämter brachten zunehmend weniger Erfolg, denn die Umstellung von Handarbeit auf eine Tätigkeit in der automatisierten Produktion setzte differenziertes schulisches Wissen und ein noch jugendliches Alter voraus. Vor allem aber gab es den spezifischen Typ des Arbeitsplatzes nicht mehr, den die Betroffenen verloren hatten. Die Arbeitskräfte der schrumpfenden Traditionsindustrien hatten die ihrer Arbeits- und Lebensperspektive angemessene Schulausbildung durchlaufen, die mit der Volksschule und der Lehre die Qualifikation für das ganze Arbeitsleben bereitstellte. Im Zuge der

Bildungsreform und der Ausweitung des Bildungssystems seit den mittleren 1960er Jahren sollte Vorsorge getroffen werden für den qualitativen Sprung in den Anforderungen an Wissen und schulisches Training, mit denen die Arbeitskräfte im Industriesystem nach dem langen »Abschied vom Malocher« konfrontiert sein würden. Dies gelang längst nicht in allen westeuropäischen Ländern – hier bildete die Bundesrepublik Deutschland mit ihrem dualen System industrienaher Ausbildung und einer langen Tradition technischer Fach- und dann Fachhochschulen eher die Ausnahme. Wir dürfen aber nicht vergessen, daß die wirtschaftlichen und sozialkulturellen Auswirkungen der Boomphase wie selbstverständlich auch das Verhalten jener Arbeitnehmer beeinflußten, die jetzt vom Verlust des Arbeitsplatzes bedroht waren. Aus dem »Malocher« war in den Jahren des anhaltenden Wirtschaftsaufschwungs auch ein »moderner Wohlstandsarbeiter« geworden, dessen private Konsumwünsche und Hobbies sein Familienleben und den familienbezogenen Lebensplan beeinflußten.[63] Hier war der Wunsch nach sozialem Aufstieg oder Ausweitung des Konsums immer deutlich genug ausgeprägt, um das Verharren in der traditionellen Lebenswelt bloß um ihrer selbst willen keineswegs als wünschenswert erscheinen zu lassen. Vielen, vor allem den Jüngeren, fiel der Abschied vom alten industriellen Arbeitsplatz leicht, wenn andere Verdienstmöglichkeiten winkten, um das Lebensmodell der Boomjahre fortzusetzen.

Wo die Montanreviere verkleinert wurden, Zechen und Hüttenwerke geschlossen, Werften zugemacht oder die weiträumigen Umschlagplätze der Seehäfen und Güterbahnhöfe aufgelassen wurden, entstanden Industriebrachen. Sie verstärkten für lange Jahre den Eindruck des Niedergangs und strahlten eine Atmosphäre des Verfalls aus. Die umliegenden Wohnquartiere, zwangsläufig von vielen Arbeitslosen und ihren Familien bewohnt, wurden zu »Problemvierteln« und Stätten urbaner Segregation. Für Staat, Kommunen und private Investoren stellte sich hier die Aufgabe, dem Verfall entgegenzuwirken. Neue Nutzungskonzepte waren zu entwickeln, die Wirtschaftlichkeit zu berechnen, die angemessenen Gebäude zu errichten, Infrastrukturen zu schaffen und die Areale bewohnbar, gar attraktiv zu machen. In Westeuropa entstanden während der 1980er Jahre große Krisenregionen in den alten Industrierevieren – am markantesten in Großbritannien, aber auch in Nord- und Ostfrankreich, in Belgien und im Ruhrgebiet. Nicht nur die Londoner

Docklands oder das Gebäude der Zeche Zollverein, sondern auch ein so überschaubarer Platz wie der ehemalige Güter- und Rangierbahnhof Köln-Gereon liefern inzwischen den städtebaulichen Nachweis, daß die Epoche der Traditionsindustrien vergangen und teilweise auch überwunden ist. Das Ruhrgebiet kann man besser im Museum als in den Städten des »Ruhrpotts« betrachten. Industriearchäologie wurde zum Hobby für Wochenendtouristen.[64]

Im Niedergang der traditionellen Industrien und Arbeiterkultur kamen zwei neue Entwicklungen zum Vorschein. Zum einen entfaltete sich die schöne neue Welt einer noch produktiveren Industrieproduktion. Die Umbrüche nach 1973/74 leiteten eine weitere Runde im internationalen Wettbewerb der Industriestandorte ein, bei der sich die westeuropäischen Länder und Regionen mit höchst unterschiedlichem Erfolg behaupteten. Während die Bundesrepublik ein zentraler Standort neuer und alter Schlüsselindustrien auf dem Weltmarkt blieb, verloren die industriellen Sektoren in Großbritannien und Italien an Bedeutung. Der Wettbewerb um die erfolgreiche Ansiedlung neuer Branchen wurde zu einem wichtigen Bestandteil der europäischen Technologiepolitik. Wo – wie in Italien und Großbritannien – die alten Industrien oder die großen Traditionsunternehmen nicht überlebten, rissen sie ganze Regionen mit, während neue Branchen mit kleineren und mittleren Unternehmen in anderen Gegenden heranwuchsen. In Italien trat das Netzwerk kleiner und mittelgroßer Unternehmen – Firmen wie Benetton oder Diesel zum Beispiel – im Nordosten und der Mitte des Landes an die Stelle der alten Großbetriebe wie Fiat im Nordwesten.[65] In Belgien erfolgte der Aufstieg der neuen Industrieregion Flandern parallel zur tiefen Krise der Montanindustrie in der Wallonie. Für die Arbeitsmärkte hatten solche Entwicklungen wichtige Auswirkungen, denn sie entschieden darüber, ob und wieviele neue Arbeitsplätze geschaffen werden konnten.

Zum andern aber waren es die Dienstleistungssektoren, die weiter wuchsen und immer mehr Menschen beschäftigten. Die Welt der Dienstleistungen ist in sich viel zu heterogen, um sie gewissermaßen pauschal als Gegenwelt zur Industrie zu betrachten. Folgt man der sozialwissenschaftlichen Unterscheidung in die vier Sektoren (1) Transporte und Kommunikation, (2) Unternehmensdienstleistungen, (3) soziale und öffentliche Dienste sowie (4) persönliche Dienstleistungen, dann zeigt sich, daß zwischen 1960 und

1990 der Sektor (3) die größten Zuwächse in allen Ländern Westeuropas verzeichnete.[66] In der Bundesrepublik waren 1985 fast 20 Prozent der Beschäftigten hier tätig, gegenüber 9,4 Prozent im Jahr 1960. Diese 20 Prozent machten bereits die Hälfte aller Beschäftigten in der Industrie aus. Sektor (1) stagnierte oder wuchs nur noch geringfügig, während die Beschäftigung im Bereich der privaten Unternehmensdienstleistungen bei Banken und Versicherungen durchaus anstieg, aber im westeuropäischen Durchschnitt des Jahres 1990 nur etwa 3 bis 7 Prozent der Arbeitnehmer ausmachte. Wir sehen also: Überall nahm die Zahl der Beschäftigten im öffentlichen Dienst zu, insbesondere in den Jahren von 1970 bis 1985. Es wurden neue Lehrer, Verwaltungsangestellte oder Sozialarbeiter eingestellt. Viele von ihnen waren Frauen. Die Investitionen in den Ausbau von Bildungseinrichtungen und sozialen Diensten ließen einen großen öffentlichen Sektor entstehen, der in den meisten europäischen Ländern über arbeitsrechtliche und sozialpolitische Privilegien verfügte, welche die Beschäftigten vor den neuen Risiken der übrigen Arbeitsmärkte weitgehend schützten.

Die anderen Arbeitsmärkte veränderten sich zwar mit unterschiedlichem Tempo von Sektor zu Sektor, von Land zu Land, aber die Richtung war überall gleich. So wuchs am Rand der sozialrechtlich geschützten Arbeit überall die neue Form ungeschützter, auch halb- oder illegaler Beschäftigung. Daneben und zahlenmäßig wichtiger nahmen zeitlich befristete Angebote und die Teilzeitarbeit zu. Die Krise der Arbeitsgesellschaft stellt sich, insgesamt betrachtet, vor allem als Krise der männlichen Industriearbeit dar. Die Zahlenverhältnisse verschoben sich immer deutlicher zugunsten der Frauen. Gleiche Bezahlung und Chancengleichheit im Berufsleben für Frauen und Männer gehörten und gehören deshalb zu den sozialpolitischen Dauerthemen in den westeuropäischen Ländern.

Die lebensweltlichen Rückwirkungen auf die Familien der traditionellen Industriearbeiterschaft müssen aus verschiedenen Blickwinkeln betrachtet werden. Zunächst war es vor allem für die Älteren eine tief einschneidende Erfahrung, wenn sich das Umfeld allmählich auflöste, das bis dahin während des gesamten Arbeitslebens räumliche, soziale und mentale Verankerung gewährleistete. Arbeitsplatz und Arbeitswelt im traditionellen Sektor industrieller Produktion waren immobil, und der kulturelle Zusammenhang von Fabrik, Familie, Feierabend an ein und demselben Ort hatte das Bewußtsein der Industriearbeiterschaft geformt.[67] Diese angestammte Lebenswelt verschwand. Vornehmlich die Jüngeren erlebten das keineswegs nur als Verlust, weil die räumliche, materielle und mentale Enge auch etwas Beklemmendes an sich hatte. Sie wurde zunehmend als nachteilig und hinderlich für Fortschritt und Modernisierung in Berufswelt und privater Lebensplanung empfunden. Um 1980 herrschte gleichwohl Angst vor dem Verlust des Arbeitsplatzes, der ein Arbeitsplatz in der traditionellen Industrieproduktion war, und der arbeitsbedingten Alltagsgewißheiten vor. Hinter ohnmächtiger Wut gegen »die da oben« wirkte Angst vor dem Verlust des Lebensunterhalts und der Lebensperspektive als treibende Kraft. Das galt für die Besetzungsstreiks der Stahlarbeiter im ostfranzösischen Longwy 1978/79, für den einjährigen Streik der britischen Bergarbeiter 1984/85 und gleichermaßen für den Arbeitskampf der Rheinhausener Stahlwerker, der im Dezember 1987 das Ruhrgebiet lahmlegte.[68]

In diesen Arbeitskämpfen ist zu beobachten, daß die Spielräume für Kompromisse zwischen Unternehmern und Arbeitnehmern immer kleiner wurden. Staatliche Subventionen dienten bestenfalls noch dazu, den Rückzug des Kapitals aus den als unrentabel eingestuften Unternehmen zu verzögern oder möglichst sozialverträglich zu gestalten. Die Unternehmer profitierten immer von der Option, sich einer weiteren Kooperation durch den Abzug ihres gesamten Kapitals zu verweigern. Daraus bezogen die Auseinandersetzungen viel von ihrer Bitterkeit.[69]

Neben dem Niedergang der Traditionsindustrien waren es die Umstrukturierungen in der Produktion der anderen großen Industriebranchen, welche die Arbeitswelt der 1980er und 1990er Jahre tiefgreifend veränderten. Exemplarisch verweisen wir auf die westeuropäischen Automobilhersteller. Sie mußten ihre alten, dem fordistischen Modell verhafteten Produktionsgewohnheiten unter dem Druck der japanischen Konkurrenz und des wachsenden innereuropäischen Wettbewerbs aufgeben. Massenentlassungen angesichts neuer Formen der Arbeitsorganisation veränderten die Welt der Automobilproduzenten nahezu von Grund auf.

Halten wir fest: Mit der Krise der traditionellen Industriebranchen und dem Abschied vom fordistischen Fabriksystem verloren auch die damit verbundenen sozialen und politischen Ordnungsmuster sowie die individuellen Verhaltensgewohnheiten rasch ihre

Gültigkeit. Die ganz unterschiedlichen Arbeits- und Sozialwelten privater und öffentlicher Dienste traten aus dem Schatten der Industrie. Die langfristig und strukturell wirksamste Begleiterscheinung dieses Wandels war die Erosion der traditionellen Arbeitsteilungen und Rollenzuweisungen zwischen Männern und Frauen. Die neuen Arbeitsplätze gehörten zunehmend eher den Hochqualifizierten. Die Gestaltung der Arbeitszeit entfernte sich allmählich immer mehr vom Leitmodell der männlichen achtstündigen Vollerwerbstätigkeit bis zur Rente.

Die Eigendynamik des Wohlstands

Wie paßte das zusammen – einerseits Arbeitslosigkeit und hohe Inflationsraten, verbunden mit Turbulenzen im Weltwährungssystem, andererseits aber die massive Ausweitung des Sozialstaats sowie ein anhaltender und deutlich zunehmender Massenkonsum? Zum Verständnis des Wandels im letzten Drittel des 20. Jahrhunderts ist es wichtig, das Zusammenspiel zwischen industriellem Strukturbruch und sozialkultureller Transformation der Industriegesellschaften als ein Geschehen zu erkennen, welches auf verschiedenen Ebenen ablief und zugleich eng verzahnt war. Die eine Ebene zeigt die Krise des alten, etablierten Produktionsregimes mit seinen Fabriken, in denen immer noch viele beschäftigt waren, aber keine gesicherte Zukunft mehr hatten, und seinen Lebensformen, die für die große Mehrheit der Bevölkerung noch galten. Die andere Ebene läßt zur gleichen Zeit bereits die kontrastierende Wirklichkeit neuer Produktionsstätten mit geringeren Beschäftigtenzahlen, aber höherer Produktivität erkennen, wo ganz andere Arbeitsabläufe und Qualifikationen gefragt sind. Diese neuen Arbeits- und Lebenswelten in Industrie, Verwaltung und Diensten gewannen langsam Kontur, ohne die Restbestände des Alten völlig zu beseitigen. Die Entwicklungen durchdrangen sich. Sie bildeten Mischformen aus und wirkten so auf das Zeitklima ein. Deshalb wurde eine markante Widersprüchlichkeit zum Kennzeichen dieser Jahre. Im zeitgenössischen Krisengefühl kam das, wie wir gesehen haben, in neuer Fortschrittsskepsis, ja Zukunftsangst zum Ausdruck.

Um 1970 war der Wohlstand für die Masse der Bevölkerung

fühlbar, erlebbar, konsumierbar geworden. Der Weg aus der Trümmerwelt in den Wiederaufbau war beschwerlich, und es hatte bis in die 1960er Jahre gedauert, bevor das viel beschworene Wirtschaftswunder jenes »schwitzende Idyll« hervorgebracht hatte, von dem die Rede war. Erst in den letzten Jahren des großen Booms entfalteten die materiellen Auswirkungen des Aufschwungs in den westeuropäischen Ländern eine gesellschaftliche Breitenwirkung. Im Übergang zu den 1970er Jahren wurde der Massenkonsum zum kollektiven Verhaltensstil und begann die materielle Kultur der Gesellschaften zu formen. Jetzt entstanden die Fußgängerzonen als standardisierte Einkaufsmeile für den standardisierten Konsumenten. Sie symbolisierten die städtebauliche Reaktion auf die wirtschaftliche Entwicklung in den zurückliegenden Jahren und repräsentierten die wenig individuellen Wohlstandsvorstellungen aus der Boomphase des fordistischen Produktionsregimes. Der Staat, die Kommunalpolitik, stellte sich der Leistungsverpflichtung, Konsummeilen herzurichten. In der Bevölkerung verfestigte sich die Einstellung, Konsum als festen Bestandteil im modernen Leben des Wohlstandsarbeiters und -angestellten zu betrachten. Als die Ölkrise kam, hatte sich der Konsum soeben von einer Möglichkeit zur Wirklichkeit verändert und begann in dieser Form, mentalitätenprägend zu wirken.[70] Der »Notwendigkeits«geschmack aber, die selbstverständliche Ausrichtung eigener Bedürfnisse und Geschmacksurteile an den engen Grenzen des finanziell Machbaren, der den älteren Generationen bäuerlicher, proletarischer oder kleinbürgerlicher Herkunft in ganz Westeuropa um 1970 noch selbstverständlich war, verschwand jetzt recht schnell. Die seit dem Ende der 1970er Jahre wieder zunehmende Gruppe der Armen gehörte bereits voll und ganz einer Wohlstands- und Konsumgesellschaft an, welche soziale Teilhabe an dem kontinuierlichen Erwerb, Besitz und der effektiven Nutzung ihrer Warenpalette mißt.

Das Ende der alten Entbehrungen wurde zum Ausgangspunkt neuer Armuts- und Exklusionserfahrungen. Der Massenkonsum des Booms näherte die materiellen Lebensbedingungen der Schichten und Klassen in einem für Industriegesellschaften bis dahin unbekannten Ausmaß einander an. Kühlschrank, Badezimmer, Telefon, Auto und schließlich Heizung produzierten zwar nicht die »nivellierte Mittelstandsgesellschaft«, aber ihr genereller Besitz verschob die Kämpfe um soziale Distinktion in den Bereich der

»feinen« Unterschiede.[71] Dieser Punkt war in den 1970er Jahren erreicht, und es ist auffällig, in welchem Maß und wie rasch die Welt der Konsumangebote reicher und immer bunter wurde. Viel stärker als in der Zeit des Booms übernahmen jetzt die Jüngeren die Initiative bei der Erfindung und Durchsetzung von Moden, Lebensstilen, Konsumgewohnheiten. In Italien spricht man von den 1980er Jahren als dem »hedonistischen Jahrzehnt« und drückt damit aus, wie irritierend der neue, scheinbar schrankenlose Konsum wirken konnte angesichts wachsender Defizite der öffentlichen Haushalte und wieder zunehmender Ungleichheit der Einkommen und Vermögen.

Die Konsumgesellschaft wurde gerade dann zum Grundtatbestand in Westeuropa, als das materielle Fundament des Nachkriegsbooms zu erodieren anfing und die wirtschaftliche Stabilität nicht mehr in der bisherigen Form gesichert war. In dieser gegenläufigen Gesamtsituation bildete sich ein Einstellungsmuster heraus, welches die Erfahrung von Entbehrungen und Wiederaufbauleistung bündelte und in seiner kompensatorischen Gestalt als erworbener Anspruch nun zu einem Faktor des gesellschaftlichen Selbstverständnisses wurde.

Der Aufschwung des Tourismus in den 1970er Jahren illustriert diese Entwicklung besonders anschaulich. Nach den Ölpreiserhöhungen 1973/74 gab es nur einen kurzen Einbruch, dann fuhren die Leute mehr und öfter in den Urlaub als je zuvor. Aber gerade darin wurde ein Riß in der Wohlstandsgesellschaft erkennbar, der darauf hindeutete, daß sich der Zusammenhang der Gesellschaft des fordistischen Produktionsregimes und liberalen Konsenses langsam auflöste. Es waren vor allem Arbeitnehmer aus den expandierenden Berufsfeldern der *white collar workers* und des kombinierten Industrie-Dienstleistungssektors, die neue Formen des Tourismus praktizierten. In der Arbeitnehmergesellschaft neuen Typs ergänzte der Skiurlaub im Winter die sommerliche Flugreise ans Mittelmeer oder bald schon, in den 1980er Jahren, in die Karibik. Zwischen 1963 und 1972 waren die jährlichen Fluggastzahlen im Charterverkehr bereits deutlich angestiegen. Von 1970 bis 1979 erhöhte sich dann die Zahl der Urlaubsreisenden um 50 Prozent. 1980 gaben 57 Prozent der Bevölkerung an, eine Urlaubsreise zu machen.[72] Die »Demokratisierung des Reisens« verlief parallel zu den Umschichtungen auf dem Arbeitsmarkt und spiegelte gegenbildlich zum

Aussterben des »Malochers« den Strukturwandel der Arbeitsgesellschaft.[73]

Wer arbeitslos wurde und dennoch der neuen sozialkulturellen Norm des Konsums als Lebensform folgte, konnte sich kaum der Verlockung entziehen, seine Konsumwünsche auf Pump, erleichtert durch bargeldloses Bezahlen, zu erfüllen. Hier begann für viele Privatleute der Weg in die Schuldenfalle, den der Staat seit den frühen 1970er Jahren ebenfalls einschlug.

Vom Staat zum Markt, von der Gesellschaft zum Individuum

Mit Beginn der 1980er Jahre verschoben sich weltweit die Gewichte. Parallel zu den laufenden Umstrukturierungen in der westeuropäischen Wirtschaft, die ihren Platz auf dem Weltmarkt den veränderten Bedingungen anzupassen suchte, breitete sich ein von der monetaristischen Wirtschaftstheorie antizipiertes neoliberales Denken in der makroökonomischen und betriebswirtschaftlichen Praxis aus. Es lehnte die staatliche Globalsteuerung als Modell einer versunkenen Zeit ab. Die Modernisierung von gestern war nicht mehr modern. Das gewandelte Denken lief auf die Abwertung des Nationalstaats als Steuerungsinstanz der Wirtschaft hinaus. Europa galt vielen Wirtschaftsexperten und den meisten Wirtschaftspolitikern nun als der angemessene Rahmen einer neuen gemeinsamen liberalen Wirtschaftspolitik, die sich letztlich darauf beschränken sollte, die Marktprozesse zu fördern, die auf eine Globalisierung der Finanz- und Warenströme drängten.

Das war neu. Jetzt war es modern, in dieser Richtung zu denken – weltoffen, international, befreit aus einem engen Rahmen. Plötzlich galt dies als »Fortschritt«, ohne jedoch noch so genannt zu werden. Das Neue war einfach da. Es war Realität. Es wurde mit der Zeit selbstverständlich und deshalb in zunehmendem Maß gesellschaftlich akzeptiert. Das Staatsverständnis veränderte sich. Der Staat sollte gewissermaßen schrumpfen, seine Funktion als konsensstiftender Partner von Kapital und Arbeit aufgeben, sich aus der Kontrolle oder gar der Eigenregie von Unternehmen und Sektoren zurückziehen, vielversprechende Märkte für die private Wirtschaft und den Finanzmarktkapitalismus freimachen. Bestenfalls blieb ihm die Aufgabe, ältere, ja veraltete Strukturen zur Wahrung des sozialen Friedens für eine gewisse Übergangszeit zu erhalten.

Damit wurde der Staat immer stärker zum Garanten des Vorhandenen und zum Leistungsträger gesellschaftlicher Ansprüche, die in der vorhergehenden Zeit formuliert worden waren, aber nach wie vor von der Bevölkerung verlangt wurden. Der Sozialstaat blieb überall in Europa eine Selbstverständlichkeit.[74] Breite Mehrheiten wünschten nach wie vor seinen Erhalt, aber die Kosten wuchsen. Dies erzeugte Sparzwänge, die damit auch programmatisch dem aktuellen neoliberalen Ordnungsmodell entgegenkamen. Denn der Rückzug des Staats und der öffentlichen Hand aus der Wirtschaft versprach die dringend benötigte Entlastung der Staatsfinanzen, ermöglichte den Zufluß internationalen Kapitals in privatisierte Sektoren und stimulierte die Erwartung, daß mittelfristig Steuern fließen würden aus neuen Wirtschaftstätigkeiten und gestiegenem Konsum.

Parteien und Regierungen verschrieben sich einem politischen Handeln, welches die Privatisierung von Staatsbetrieben und die Deregulierung bislang streng reglementierter, dem privaten Kapital nur begrenzt zugänglicher Wirtschaftssektoren forcierte. So ist es zu erklären, daß Parteien und Regierungen aller Couleur nach und nach die Staatsfunktion an die neuen Anforderungen dieses Denkmodells anpaßten. Besonders drastisch war dieser vermeintliche Zwang im Frankreich der Ära Mitterand (1981-1995) zu beobachten. Dort hatte die erste Linksregierung in den frühen 1980er Jahren noch parallel zu einer keynesianischen Politik der Nachfragesteigerung weitere Banken, Versicherungen und Industrieunternehmen nationalisiert, bevor nur wenige Jahre später die nachfolgenden Regierungen ungeachtet rechter oder linker Mehrheiten dann zu (Re)Privatisierungen übergingen.[75]

Die 1980er Jahre brachten sodann den Durchbruch des privaten Fernsehens in Westeuropa. Es handelte sich hier um eine deutliche Zäsur in der Mediengeschichte mit weitreichenden sozialen und kulturellen Folgen. Um 1960 hatte sich das öffentlich kontrollierte Fernsehen, parallel zum Wirtschaftsaufschwung in der Zeit des großen Booms gewissermaßen als »Hegemon« im Wohnzimmer durchgesetzt. Mit seinem Programmangebot aus kontrollierter politischer (oder regierungsamtlicher) Information, gehobener Familienunterhaltung und Bildungsauftrag bot es ein sozialharmonisches Bild der Wirklichkeit an, das auf Konsens und Ausgleich setzte – ganz so, wie es der allgemeinen Stimmung in der Zeit des liberalen Konsenses entsprach. Die Zulassung der werbefinanzierten privaten Fernsehsender in allen westeuropäischen Ländern während der 1980er Jahre leitete hinüber in einen ganz ungewohnten Pluralismus der Angebote. Die Sendeformate wurden vielfältiger, das Niveau wurde vor allem nach unten, seltener nach oben deutlich erweitert, die Kommerzialisierung entfaltete ihre volle Kraft. Sozialgeschichtlich bedeutete dies zugleich den Abschied vom Familienfernsehen, denn die Fernsehapparate wanderten in die Zimmer der einzelnen Familienmitglieder – oder auf den Müll. Der Verzicht aufs Fernsehen blieb ein Distinktionsmerkmal in den Bildungsschichten, parallel dazu aber schufen sich »Kult«sendungen ihre eigenen Fangruppen. Als Quelle politischer Information verbreiteten die neuen Privatsender beiläufig und gezielt, mit der Kraft des steten Tropfens, das Selbstverständnis der neuen liberalen politischen Ökonomie. Irgendwann war die monotone Wiederholung der Börsenkurse in jeder Nachrichtensendung dann nicht mehr neu und verwunderlich, sondern selbstverständlich geworden. Die Zuschauer mochten erkennen, woran sie ihre Zukunft zu messen hatten.

Eine zweite Welle von Privatisierungen erfaßte die öffentlichen Unternehmungen, die vielfach mehr schlecht als recht liefen und der Umstrukturierung bedurften. Bahn, Post, Telekommunikation und die kommunalen Einrichtungen vom Milchhof bis zur Müllabfuhr wurden in den einzelnen Ländern durchaus unterschiedlich, aber in der Tendenz simultan aus der Verantwortung des Staats herausgelöst und dem Finanzmarkt-Kapitalismus zugänglich gemacht. Mit der Effizienzsteigerung der Betriebe ging eine Umwertung im Verständnis der Staatsaufgaben einher. Statt der Auffassung von der umfassenden Sorgepflicht des »Vater Staat« kam jetzt wieder die im liberalen Denken verwurzelte Haltung zum Ausdruck, der Staat habe für die Sicherheit der Bürger zu sorgen und als »Nachtwächter« ihnen ansonsten ihre Freiheit zu lassen.

Das neoliberale Ordnungsmodell setzte sich auf dem westeuropäischen Kontinent in den 1980er und 1990er Jahren vorrangig auf dem Feld der Wirtschaftspolitik durch. Es wurde zum dominanten Argument der öffentlichen wirtschaftswissenschaftlichen Politikberatung. Weit weniger Durchschlagskraft entwickelte es auf dem

Feld der allgemeinen Politik. Hier waren die Widerstandskräfte der organisierten Interessen, aber auch die wahlpolitischen Risiken zu groß, als daß Verfechter neoliberaler Reformen das Terrain hätten besetzen und dominieren können. Auf dem Kontinent bildeten sich Mischformen aus. In Großbritannien hingegen wurde das Experiment einer nahezu umfassenden neoliberalen Reformpolitik als Leitideologie der Regierung propagiert. Alle Beobachter der Regierungszeit Margaret Thatchers (1979-1990) und ihrer Nachfolger sind sich allerdings darin einig, daß strikt unterschieden werden müsse zwischen der radikalen Rhetorik einerseits und einer durchaus pragmatischen, zuweilen gar gegenläufigen Regierungspraxis andererseits.[76] Doch spricht vieles dafür, einigen ideologischen Aspekten des Thatcherismus größere Aufmerksamkeit zu schenken. Hier wurde erstmals ein besonders scharf akzentuiertes populistisches Konzept des Regierens in Zeiten der Globalisierung entworfen, das die monetaristische Doktrin des Neoliberalismus zur politökonomischen Norm erklärte und dies im Schulterschluß mit der US-amerikanischen Regierung unter Ronald Reagan (1980–1988) international durchzusetzen versuchte. Vieles davon sollte dann seit der Mitte der 1990er Jahre in verschiedenen europäischen Regierungen, ungeachtet ihrer konservativen, sozialliberalen oder sozialdemokratischen Ausrichtung, Verwendung finden. Die politökonomische Norm des Neoliberalismus begann in den 1990er Jahren die programmatischen Gegensätze der politischen Lager einzuebnen und wurde zu einem Charakteristikum des Strukturbruchs.

In England setzte der Richtungswechsel ein, und hier verband er sich vor allem mit Margaret Thatcher, die seit 1975 die Geschicke der Konservativen Partei bestimmte und 1979 zur Premierministerin gewählt wurde.[77] Thatcher war in den 1970er Jahren mit dem wirtschaftstheoretischen Denken des anti-keynesianischen Netzwerks in Verbindung gekommen, das seit den 1950er Jahren in England bestand. Wie wir gesehen hatten, boten das *Institute of Economic Affairs* oder die *Mont Pèlerin Society* kritischen Denkern seit der frühen Nachkriegszeit ein Forum zur Diskussion und Publikation ihrer Auffassungen, die sich gegen staatliche Steuerung und Verstaatlichungsmaßnahmen in Großbritannien richteten.

Die britischen Fehlentwicklungen der Nachkriegszeit brachte sie bündig auf zwei Kurzformeln: »Keynes« und »Konsens«.[78] Dagegen mobilisierte Thatcher den politisch-propagandistischen Krieg, was insofern naheliegend war, als die Dominanz des Keynesianismus international schon seit einigen Jahren zurückging und seit dem Ende des Systems von Bretton Woods 1971 die monetaristische Denkschule in der Finanzwelt an Boden gewann. Als Thatcher den Angriff auf das ihrer Meinung nach nicht nur überholte, sondern grundsätzlich falsche Ordnungsmodell vorbereitete, hatte dieses Modell selbst schon seine Verbindlichkeit verloren.

Wir beobachten hier wiederum, wie ein maßgeblicher Druck in Richtung auf Wandel und Veränderung bestehender Konstellationen keineswegs aus der Vorstellungskraft bloß einer Person oder eines Netzwerks hervorging und dann mit strategischer Raffinesse und offener Machtpolitik in Regierungshandeln übertragen wurde. Vielmehr wuchs Thatcher zur prominenten, zielklar argumentierenden und entschieden handelnden Repräsentantin eines übergeordneten Trends heran, dessen Richtung sie zu stabilisieren half und dessen Wirkung sie verstärkte. Der Trend selbst indessen entstand aus dem Strukturbruch der westlichen Industriegesellschaften, mit dem die montanindustrielle Welt der Epoche des Booms nach dem Zweiten Weltkrieg zu Ende ging.

Der Widerruf der Formeln »Keynes« und »Konsens« galt mithin dem Gesamtprofil westlicher Industriegesellschaften. Er erfaßte aber nicht unbedingt die wirtschaftspolitische Praxis in jedem Winkel und auf allen Ebenen von Regierungshandeln. Die Tatsache überdies, daß das Postulat der unbedingten Freiheit des Marktes durch die Regierungspolitik konservativer Kabinette durchgesetzt und dann von konservativen Parteien repräsentiert wurde, hat dazu beigetragen, das Phänomen mit einer verwirrenden Begrifflichkeit zu belegen. Was in den europäischen Ländern als »Neoliberalismus« bezeichnet wird und damit auf die wirtschaftsliberale Denkschule des *Institute of Economic Affairs* und der *Mont Pèlerin Society* bezogen ist, heißt im angloatlantischen Raum zumeist »Neokonservatismus« und bezieht sich dort weniger auf Theorien und Denkschulen als vielmehr auf die Akteure der (wirtschafts)ideologischen Neubestimmung von Politik angesichts des Strukturbruchs.[79]

Thatcher widerrief den Konsens von Staat, Wirtschaft und Gesellschaft zur Gestaltung der Zukunft. Sie argumentierte ausschließlich mit dem Erfordernis, den Markt und das Individuum zu stärken. Der ökonomisch definierte Individualismus hebelte die sozialpolitische Begründung des Konsenses aus und hatte deshalb zur Folge, daß die Idee der Leistungspflicht des Staats für seine Bürger zur Disposition gestellt wurde. Der Sozialstaat wurde rhetorisch nur noch bis auf weiteres geduldet und in der konservativen Regierungszeit regelrecht diffamiert, seine Nutznießer unter den generellen Verdacht einer ethisch fragwürdigen Vorteilsnahme gestellt. Dies alles geschah indes, ohne daß die tragenden Institutionen des Sozialstaats in Großbritannien – der weitgehend kostenlose Nationale Gesundheitsdienst, die Sozialhilfe, Arbeitslosenunterstützung und Altersrenten – abgeschafft oder privatisiert worden wären. Gesellschaft als Ordnungszusammenhang der Bürger eines Landes, mithin Gesellschaft als Verpflichtung des einzelnen für das Gesamte, galt nicht länger als kulturelles Muster.

Im Widerruf des gesamtgesellschaftlichen Zusammenhangs durch das krasse Plädoyer für das Vorrecht des Individuums kam allerdings nicht nur eine ideologische Verunglimpfung jeder Form von sozialstaatlichem Gemeinschaftsdenken als Sozialismus zum Ausdruck. Vielmehr spiegelte sich darin auch die Entwicklung, die in allen westlichen Ländern seit den Jugendprotesten in den 1960er Jahren, seit der Hippie- und Studentenbewegung und deren Ausweitung zur Lebensstilrevolution in den frühen 1970er Jahren zu einer verstärkten Pluralisierung und Individualisierung geführt hatte. Die Zeit der standardisierten Gesellschaft des fordistischen Produktionsmodells war auch auf dem Feld der persönlichen Lebensführung und Lebensentwürfe zu Ende.

Das nachdrückliche Plädoyer für den Vorrang des Individuums war zugleich der Mitvollzug einer sozialkulturellen Entwicklung, die sich der normierenden Vereinnahmung durch Eltern, Schule, Verbände oder Staat widersetzte, seit der Wohlstand im Nachkriegsboom solche Verhaltensmuster ermöglichte. Im Zusammenwirken mit den Kräften des freien Marktes bedeutete die Vorrangstellung des Individualismus in der politischen Konzeption zugleich eine Entscheidung dafür, die individuellen Verlierer im neuen System weitgehend sich selbst zu überlassen. Freiheit wozu? Hier lautete die Antwort der Regierung Thatcher: Rückkehr zu den viktorianischen Werten der Familie, der harten Arbeit und des Patriotismus. Konventionelle Moralvorstellungen wurden aggressiv gegen die längst eingewurzelte Pluralität von Lebensstilen mobilisiert. Die Kulturrevolution nach 1968 wurde als »linke« Bewegung vereinseitigt und verantwortlich erklärt für alle negativen Begleiterscheinungen der großen Liberalisierungswelle der 1960er und 1970er Jahre – für Drogenprobleme, Pornographie, hohe Scheidungsraten und wachsende Erziehungsprobleme in Familie und Schule. Aufschlußreich ist, daß dieses Moral- und Sozialprogramm Ideologie blieb und die Regierung wenig Eifer zeigte, gegen den fortgeschrittenen Individualismus in der britischen Gesellschaft der 1980er und 1990er Jahre mit Gesetzen und Verordnungen zu Felde zu ziehen. Die viktorianischen Werte dienten der Mobilisierung des eigenen Wählerpotentials für die Unterstützung des neoliberalen Kurses – mehr nicht. Wirkungsvoller schien der Appell an den Nationalismus. Thatcher konnte das im Falkland-Krieg 1982 dramatisch inszenieren und erst damit überhaupt ihre Herrschaft sichern.[80]

Sieht man den Thatcherismus, wie hier vorgeschlagen, weniger als konsistentes Regierungshandeln und mehr als eine symptomatische Reaktion auf strukturelle Veränderungen, dann ist seine gesamteuropäische Bedeutung als Muster späterer Tendenzen in anderen Ländern viel höher, als es die scharfen, feindseligen Ablehnungen dieses Politikmodells in den meisten Ländern des Kontinents zunächst suggerieren. Gerade die Verkopplung der individualistischen Freiheitsrhetorik nach Maßgabe der neoliberalen Ökonomik mit konservativen Werthaltungen und dem Appell an tradierte kollektive Identitäten wie Nation oder Volk hat europaweit Schule gemacht. Beobachter des weltweiten Globalisierungsgeschehens sprechen hier von »Identitätspolitik« und weisen auf die wachsende politische Bedeutung von Themen kultureller oder sprachlicher Zugehörigkeit hin. Daraus erklärt sich auch die wachsende Ausländer- und Fremdenfeindlichkeit in Europa.

Viele Länder Westeuropas erlebten in den 1980er Jahren den Aufstieg rechtspopulistischer Parteien, die sich nicht selten nach heftigen internen Konflikten zu Thatchers Erfolgsformel von neoliberaler Wirtschaftspolitik und einem nostalgisch drapierten Nationalismus bekannten. Wichtiger jedoch, weil mehrheitsfähig, waren alle Varianten populistischer Politik der Mitte, welche den Versuch unternahmen, die neuen Herausforderungen an die Politik und die eingeschränkten Handlungsspielräume nationaler Regierung in einer Zeit globaler Vernetzung medienwirksam zu verkaufen.

Die neoliberalen und monetaristischen Grundüberzeugungen verbanden nicht nur die britische und US-amerikanische Regierung während der 1980er Jahre, vielmehr waren es vor allem internationale Unternehmen, Consultingfirmen, Beratergremien und Organisationen wie die Weltbank, die den Neoliberalismus zu einem Markenartikel machten. Das Ende der keynesianisch inspirierten Konsenspolitik in den beiden Ländern vertiefte zunächst die Unterschiede in den Methoden und Zielen zwischen den angloatlantischen und den kontinentaleuropäischen Antworten auf die Umbrüche der 1970er Jahre. Die westeuropäischen Länder fanden sich einem neuartigen britisch-amerikanischen Sonderbündnis innerhalb des Westens gegenüber, das gleichzeitig als machtvolle Agentur für die weltweite Verbreitung des Neoliberalismus wirkte.

So war auch in dieser Hinsicht der Konsens der Boomjahre an sein Ende gelangt. Rasch und deutlich setzte sich der neue monetaristische Kurs in der internationalen Währungs- und Finanzpolitik durch. Der Wechsel der USA und Großbritanniens 1979 zur Hochzinspolitik und die nächsten Schritte zur Liberalisierung der Finanzmärkte in den frühen 1980er Jahren zwangen auch widerstrebende nationale Regierungen zur Anpassung ihrer Währungs- und Finanzpolitik. Die rasch wachsenden internationalen Finanzmärkte gewannen immer mehr Einfluß und wirkten als Beschleuniger für parallel laufende Prozesse der Internationalisierung von Produktion und Konsum. Vor allem suchten immer größere Mengen an Kapital immer mehr Möglichkeiten der gewinnbringenden Anlage. Das trieb die Privatisierung öffentlicher Unternehmen voran und intensivierte noch die Hast, Unternehmen börsenfähig zu machen. Monetarismus und Neoliberalismus wurden so seit den 1980er Jahren zu den ordnungspolitischen Leitideen der Globalisierung.

Beginnend mit den 1980er Jahren verschrieben sich sowohl bürgerliche als auch sozialdemokratische Parteien simultan der Ideologie des neuen Produktionsregimes. Von Thatcher bis Blair, von Reagan bis Clinton, von Kohl bis Schröder – die politischen Mehrheitsparteien in den westlichen Industrieländern schwenkten ein auf die neue Linie. Wir erkennen darin einen weiteren Aspekt des Strukturbruchs, der im Übergang von den 1970er zu den 1980er Jahren erfolgt war.[81]

Mensch und Mikrochip im neuen Zeitalter
des globalen Kapitalismus

Das neue Produktionsregime integrierte jedoch nicht nur ein Konzept strikter Unabhängigkeit des Markts vom Staat und damit der relativen Unabhängigkeit der Unternehmer und Gewerkschaften, sondern es ruhte auf neuen, revolutionär anderen technischen Bedingungen auf, und daraus ergab sich seine Durchschlagskraft. Der Grundstoff des neuen Industriesystems war der Mikrochip. Dessen technische Möglichkeiten harmonierten aufs beste mit den Prinzipien der unbedingten Marktfreiheit und des ungehinderten Fließens der Kapitalströme.[82] Wie das Gesellschaftskonzept des Neoliberalismus, welches »Keynes« und »Konsens« negierte, ein Produkt des gesellschaftlichen Wandels in Zeiten des Umbruchs war, so ergänzten sich auch die technische Durchsetzung der Mikroelektronik und die Entriegelung von Volkswirtschaften und Märkten dergestalt, daß die Frage nach Ursache und Auslöser schwer zu beantworten ist. Das lenkt unseren Blick auf das Zusammentreffen der ursprünglich völlig unabhängig voneinander verlaufenden Entwicklungslinien und den revolutionären Effekt, der daraus entstand.

Damit wird die Aufmerksamkeit des Zeithistorikers auf andere Ebenen als die der Politik bezogen. Es kommen zum einen die vielen kleinen und großen Veränderungen in den Unternehmen, in der Organisation der Arbeitsabläufe und Produktionsprozesse in den Blick. Zum andern sind die kulturellen Veränderungen zu beachten, die in den Lebenswelten der Menschen vonstatten gingen und sich in anderen Verhaltensweisen, Erwartungen und Deutungsmustern niederschlugen. Flexibilität und Individualisierung sind die beiden Schlüsselbegriffe, mit denen die sozialwissenschaftliche Forschung die Vielfalt ihrer Beobachtungen zu bündeln versucht. Die Wahlverwandtschaft zwischen beiden Tendenzen soll als Hinweis ernst genommen werden, daß es hier um sich wechselseitig bestärkende, expansive Tendenzen ging.

In den 1980er und 1990er Jahren zeigte die Praxis individueller Selbstbestimmung, daß die Entwicklung in zwei getrennte Richtungen verlaufen würde. Der gesamtgesellschaftliche Zusammenhang trat hinter die persönliche Selbstbestimmung zurück. Aber der Vorrang des Individuums vor der Gesellschaft gereichte nicht jedem zum Vorteil. Individualisierung führte zu Formen der Vereinsamung und bald auch Verarmung bei den einen, die im neuen Produktionsregime keinen Ort finden konnten – Alleinerziehende ohne qualitativ hochwertige Ausbildung, Arbeitslose und alte Menschen. Je mehr etwa die Altenheime privatisiert und Pflegedienste zu kommerziellen Unternehmungen wurden, desto mehr hing die individuelle Perspektive am verfügbaren Einkommen. Individualisierung[83] eröffnete den anderen ungeahnte neue Möglichkeiten der beruflichen und privaten Selbstverwirklichung. Das galt für alle, die sich als Arbeitskraft dem Postulat der Flexibilität verschreiben konnten. Die statischen Strukturen des industriellen *Ancien régime* wurden durch Mobilität auf verschiedenen Ebenen regelrecht unterspült. Seit der Grundstoff der alten Industrien – Kohle und Eisen – abgelöst wurde vom Mikrochip, endete die Bindung traditioneller Art, welche feste Produktionsstandorte und die Beschränkung des Transports auf Rohstoffe und Waren erfordert hatte. Im neuen Produktionsregime waren die Unternehmen flexibel.

Individualisierung konnte aus Beengung und fesselnden Zwängen befreien, aber sie bot nicht unbedingt ein Substitutivum für fehlende Bindung, außer Erfolg und Geld im *hic et nunc*. Sie verband sich in den 1990er Jahren mit neuen Formen von Arbeitsmigration und Multikulturalismus, weil in der befreiten Welt nach dem Ende der Blockkonfrontation die Möglichkeiten zu Migration exponentiell anstiegen. Das betraf nicht nur die Arbeitsmigranten des alten Typs, die nach 1990 wie schon in den Zeiten der Hochindustrialisierung um 1900 als Saison- und Leiharbeiter aus Ostmitteleuropa nach Westen kamen, um hier für geringen Lohn billigste Hilfsarbeit zu verrichten.[84] Es betraf vielmehr die wachsende Zahl der Hightech-Singles, die mit bester technischer und betriebswirtschaftlicher Ausbildung einen lukrativen Job bei einem Unternehmen erhielten. Folgen wir den Befunden von Interviews, die Richard Sennett mit solchen jungen Professionals geführt hat, wurden fiktive Berufskarrieren wie die folgende immer häufiger: Zunächst heuerten die neuen Fachkräfte in der Zentrale des Konzerns in Düsseldorf an, wechselten dann in eine kleine Dependance nach Passau, um anschließend in New Delhi die Interessen der Firma zu vertreten, bevor es über eine Kleinstadt im Westen von Paris nach Mittelengland weiterging, wo nach einigen Monaten die Nachricht eintraf, daß die Firma ihren Arbeitnehmer entlassen müsse. Nehmen wir dieses Profil eines höchstqualifizierten Arbeitsmigranten als Beispiel für die Auswirkungen von Individualisierung, so sehen wir in der Kombination von gutem Einkommen, schicken Apartments an den verschiedensten Standorten der Welt, Erweiterung des Erfahrungshorizonts und womöglich hoch motivierender unternehmerischer Verantwortung den Verlust an Lebensperspektive und kalkulierbarer Zukunft von dem Moment an, wo der Job als materielle Grundlage für diese Form individualisierter Lebensführung nicht mehr zur Verfügung steht. Gewiß dürften solche Existenzbedingungen die Minderzahl repräsentieren im Vergleich mit denen vieler kleiner Angestellter von Banken, Firmen, Verwaltungen, die mit geringem Einkommen ihr Single-Leben in einer kleinen Stadtwohnung gestalten. Das Verbindende besteht allerdings darin, daß hier ein Milieu entstanden ist, welches international durch ziemlich schwache Bindungen in die Gesellschaft hinein charakterisiert wird. Traditionsverhaftung über die bloße Erinnerung an Vater oder Mutter hinaus ist hier kaum mehr anzutreffen, weshalb das Bedürfnis nach Halt und die Suche nach Sinn besonders nachdrücklich in transzendenten Bezügen zum Ausdruck kommt.

In den Zuspitzungen individualisierter Existenz spiegelt sich der Durchbruch der Mikroelektronik, der bis zur Einführung des *world wide web* 1995 eher unspektakulär verlief, seither aber als »Internet-Galaxie«[85] den revolutionären Charakter des technischen Wandels spüren läßt. Aus verschiedenen Quellen entstanden, verweist die Digitalisierung von industrieller Produktion, von Kommunikation und kultureller Weltbemächtigung auf ihre Ursprünge in den 1960er Jahren zurück. Die Ausgangsidee des Internet entsprang dem militärischen Sicherheitsbedürfnis der US-Regierung nach dem Sputnik-Schock von 1957, als die amerikanische Öffentlichkeit begreifen mußte, daß der Schutz vor fremder Bedrohung durch 4000 Meilen Atlantik und 5000 Meilen Pazifik über Nacht verschwunden war, seit die Sowjetunion funktionsfähige Interkontinentalraketen zur Verfügung hatte. Die technische Entwicklung des elektronischen Netzes wurde vom Pentagon zur Sicherung der »Freiheit«[86] in Auftrag gegeben. In den 1960er Jahren dockten Studenten einiger Westküsten-Universitäten mit dem eigenen, aus der Hippie-Kultur gespeisten Anliegen an diese Technik an. Sie wollten durch Bereitstellung von Information und Bildung für jedermann den Ausbruch aus dem beengenden Käfig der weißen Mittelstandskultur bewerkstelligen. Ein jeder Mensch in den USA, gleich welchen Einkommens, gleich welcher Hautfarbe, gleich welchen Milieus, sollte für sich und seine Kinder die Möglichkeit erhalten, Wissen und Bildung zu erweitern, wo immer das Bedürfnis dazu vorhanden war. Auch hier stoßen wir auf ein spezifisches Verständnis von »Freiheit«, welches die Begrenzungen infolge von staatlicher Planung, Steuerung und dem normierenden Postulat des Konsenses überwinden wollte.[87]

Der entstehende globale Kapitalismus bediente sich der neuen technischen Möglichkeiten und wirtschaftstheoretischen Programmatik, um nach dem Ende der Traditionsindustrien und im Niedergang des fordistischen Produktionsregimes eine »Freiheit« für Wirtschaft, Handel, Finanzströme und Gewinnstreben zu verwirklichen, die keine Standardisierung, keine Globalsteuerung und keine Grenzen kennen wollte. Der globale Kapitalismus ging aus dem Strukturbruch im Industriesystem seit den 1970er Jahren hervor. Er war eine Folge des Geschehens, nicht die Ursache. In seinem Verlauf zeigte dieser Strukturbruch eine revolutionäre Qualität, weil er die etablierten Parameter politischen und gesellschaftlichen Handelns weitgehend beseitigte und in der politischen Orientierung der Parteien und Verbände einen Paradigmenwechsel herbeiführte.

Im westlichen Europa verdichteten sich die wirtschaftspolitischen Impulse für die Etablierung eines neuen Ordnungsmodells in markanter Weise in den 1990er Jahren; ganz ähnlich wie bei der Verankerung und Stabilisierung der Nachkriegsordnung in den 1950er Jahren spielten die europäischen Institutionen auch diesmal eine nicht unwichtige Rolle. Vom Vertrag von Maastricht bis zur Einführung der europäischen Währungsunion wurden in schneller Folge die Rahmenbedingungen für einen liberalisierten europäischen Binnenmarkt geschaffen, der den neuen Spielregeln eines globalisierten Kapitalismus entsprach.

Kapitel 2
Sozialwissenschaftliche Diagnosen des Wandels

Die Forschung in den Fächern Politikwissenschaft, Soziologie und Sozialpsychologie gilt der Analyse je aktueller Entwicklungen in Gesellschaft oder politischem System. Seit den 1960er Jahren wurde sozialwissenschaftliche Forschung immer stärker von den Entscheidern in Politik und Wirtschaft nachgefragt, wenn es darum ging, die Problemlagen der Gegenwart zu analysieren und die Herausforderungen der Zukunft einzuschätzen.[1] Sozialwissenschaftliche Daten wurden zu selbstverständlichen Bezugspunkten öffentlicher Debatten, politischer Entscheidungen und administrativer Routinen. Die Stunde der Experten schlug vor allem in den 1960er und frühen 1970er Jahren. Als in den 1980er Jahren die Erwartungen an die sozialwissenschaftliche Machbarkeit der Zukunft dramatisch sanken, blieben Sozialwissenschaftler, und unter ihnen in wachsendem Maße Ökonomen, gleichwohl einflußreiche Berater von Politik, Verwaltung und Unternehmen. Sozialwissenschaftliche Diagnosen entfalteten darüber hinaus eine breite öffentliche Wirkung, wenn sie komplexe Probleme durch markante Thesen in einleuchtenden Aussagen bündelten. In der medialen Öffentlichkeit schließlich haben die griffigen Formulierungen dieser Theorien prägend gewirkt.

Die Sozialwissenschaften, ihre Fakten und Theorien, sind ein wesentlicher Bestandteil der Nachkriegsordnung Westeuropas. Ihr Siegeszug ist ein besonders wichtiges Kapitel in der Geschichte der Westernisierung, denn mit ihnen entstand ein vornehmlich von US-amerikanischen Vorbildern geprägtes Gefüge von Theorien und Methoden für die Modernisierung im Zeichen des Booms. Sie bildete eine stabile Grundlage an Wissen und Deutungen der Gegenwart, auf das Regierungen, Parlamente, Parteien, Unternehmen, Gewerkschaften, aber auch die Kirchen[2] zurückgriffen, um realitätstaugliche Trendbeschreibungen einer längst unübersichtlich gewordenen Wirklichkeit und vor allem einer immer schneller heranrückenden Zukunft zu bekommen.

Für unser Thema sind die Sozialwissenschaften deshalb von besonderem Interesse, weil diese Form der Beobachtung von Gegenwart und Zukunft gerade in den Umbrüchen seit den 1970er Jahren nachgefragt wurde. Sozialwissenschaftliche Prognosen und Trendbehauptungen dienten dazu, angesichts einer allgemeinen Verunsicherung kollektive Erwartungshorizonte zu stabilisieren.

Schließlich gewannen die Sozialwissenschaften, in enger Beziehung und direkter Konkurrenz zur Sozialphilosophie, eine zentrale Rolle als Organ intellektueller Zeitkritik. Ihre führenden Repräsentanten stammten seit den 1960er Jahren aus diesem Umfeld: Theodor W. Adorno, Jürgen Habermas, Ralf Dahrendorf oder Anthony Giddens, Alain Touraine, Michel Foucault oder Pierre Bourdieu entwickelten ihre Zeitanalysen aus dem Horizont der Sozialwissenschaften und der Sozialtheorie.

Somit charakterisieren sozialwissenschaftliche Begriffe und Theorien in besonderer Weise das Problembewußtsein dieser Zeit. In der Rückschau wird erkennbar, daß einzelne Konzepte oder Ideenkonglomerate ein Jahrzehnt lang dominierten und deren Signatur mitprägten, indem sie die Wahrnehmung von neuen, bis dahin unbeachteten Herausforderungen steuerten.

Die Aufgabe der Zeithistorie besteht nun darin, sozialwissenschaftliche Beschreibungen zunächst einmal in den geschichtlichen Verlauf einzuordnen und ihren Ort im historischen Prozeß zu bestimmen. Wir veranschlagen die Bedeutung bestimmter Begriffe zur Kennzeichnung von Wandlungsphänomenen sehr hoch, denn nicht selten markieren sie die Signifikanz eines Jahrzehnts in vergleichbarer Weise wie ein Autodesign, ein Kleidungsstil oder ein Bewußtseinstrend – seien es Ford Capri oder Opel Manta in den Sechzigern, Latzhose oder Plateausohle in den Siebzigern oder Waldsterben und Saurer Regen in den Achtzigern. Indem sie auf die Urteilsbildung in der medialen Öffentlichkeit einwirken, beeinflussen sie das Vor-Urteil der Geschichtswissenschaft. Aus diesem Grund sind sozialwissenschaftliche Diagnosen für uns Historiker Quelle und Darstellung zugleich. Die gegenwartsnahe Zeitgeschichte steht dann vor der Aufgabe, mittels empirischer historischer Forschung solch vorlaufende Urteile zu dekonstruieren.

Für die zeithistorische Erschließung der Jahrzehnte nach dem Boom sind sozialwissenschaftliche Diagnosen des Wandels und Gegenwartsbeschreibungen in dreierlei Hinsicht bedeutungsvoll. Zum einen nutzen wir sie als Quellen, um den Problemkontext der Zeit zu erschließen, die solche Texte erklären wollen. Sie sind als Selbstbeschreibungen auch ein zunehmend wirkungsvoller Bestandteil des kollektiven Erwartungshorizonts der westeuropäischen Nationen. Zum andern dienen sie der Zeitgeschichte als wissenschaftlich kontrollierte, besonders aussagekräftige Darstellungen der Entwicklungstendenzen dieser Umbruchsphase. Die Forschung wird sich ihrer vergewissern, wo soziologische oder politologische Analyse dazu beiträgt, die Signifikanz eines Geschehens, die Neuartigkeit oder Andersartigkeit einer Konstellation in der diachronen Perspektive des Historikers sichtbar zu machen. Zum dritten liefern die Sozialwissenschaften einen Gutteil der »Sozialdaten«, »Fakten«, welche die Zeithistorie gern für ihre eigenen Analysen der Vergangenheit nutzt, so etwa, wenn es darum geht, die zumeist qualitativen Beschreibungen, Fallstudien oder Trendbehauptungen durch Statistiken abzustützen.

In allen drei Fällen betreten Zeithistoriker ein methodisch voraussetzungsvolles Neuland, denn die Quellenkritik erfordert es, die Konstruktionsprinzipien solcher sozialwissenschaftlichen Fakten, Theorien und Modelle zu erkennen und die daraus folgenden Besonderheiten der jeweiligen sozialwissenschaftlichen Tatsachen zu durchschauen.

Trotz starker Tendenzen der Westernisierung in den Sozialwissenschaften nach dem Zweiten Weltkrieg haben sich vor allem in Großbritannien, Frankreich und der Bundesrepublik Deutschland ausgeprägt nationale Idiome erhalten. So sind in den Jahrzehnten nach dem Boom ähnliche oder gleiche soziale Trends national durchaus unterschiedlich wahrgenommen worden. Lange vor den deutschen Sozialwissenschaftlern entdeckten und thematisierten französische und britische Kollegen Armut und Arbeitslosigkeit und stellten die Frage nach den Folgen der damit verbundenen Exklusionen für die nationalen Gesellschaften. In der Bundesrepublik fanden die international vergleichenden Forschungen zum Wertewandel ungleich mehr fachliche und öffentliche Aufmerksamkeit als in Frankreich. Die folgende Auswahl ist gewiß unvollständig und rückt westdeutsche Debatten in den Mittelpunkt. Aber sie bemüht sich gleichwohl, die parallelen Debatten in Frankreich und Großbritannien nicht aus dem Blick zu verlieren.

Den Jahrzehnten seit dem Höhepunkt und allmählichen Ende des großen Booms lassen sich unschwer bestimmte sozialwissenschaftliche Beschreibungen zuordnen. Das ist zunächst die »Modernisierung« als große sozialwissenschaftliche Theorie des Westens, um Tempo und Richtung der Wachstumsdynamik von den 1950er bis weit in die 1970er Jahre zu kennzeichnen. Noch im Horizont ihrer Deutungsmacht gewann dann der »Wertewandel« in der »postindustriellen Gesellschaft« seit der Mitte der 1970er Jahre an Gewicht, bevor Theorien der »Risikogesellschaft« mit der Diagnose einer »reflexiven Modernisierung« in den 1980er Jahren zu Leitbegriffen und Orientierungsmodellen aufstiegen. Parallel dazu entwickelte sich seit den 1960er Jahren eine neue Linie oppositioneller, gesellschaftskritischer Gegendeutung der westlichen Gesellschaften von links, welche zunächst vor allem im westlichen Marxismus, dann aber verstärkt in den sozialwissenschaftlichen Diskussionen über die »Postmoderne« ihren klassischen Ausdruck fand. Dann gibt es die Suche nach einem »Dritten Weg« zwischen dem verblaßten Modell des Konsenses und dem neuen Orientierungsmuster des Individualismus und der radikalen Marktfreiheit, welche die 1990er Jahre beeinflußte. Es folgten »Netzwerkgesellschaft« und »informationeller Kapitalismus« seit den mittleren 1990er Jahren und schließlich »Beschleunigung«, »Flexibilität« sowie »flüssige«, gar »flüchtige Moderne« im Übergang zur Gegenwart des ersten Jahrzehnts im 21. Jahrhundert.

»Modernisierung«: Evolutionäre Programme für die westlichen Gesellschaften im Wachstum

Wir sind den Zeitdiagnosen der Modernisierungstheorie schon mehrfach begegnet, als wir die Ordnungsmuster des Nachkriegskonsenses analysiert haben. Sie entstand als dezidert antimarxistische Theorie evolutionärer Entwicklung und diente in den 1950er Jahren dem Zweck, der westlichen Entwicklungspolitik eine Legitimation zu geben und die gesellschafts- und wirtschaftspolitischen Richtungsentscheidungen der westeuropäischen Industrieländer zu bestätigen. Der Gleichschritt von parlamentarischer Demokratisierung, marktgestütztem industriellem Wachstum, Rationalisierung der Lebenswelten und Wertsphären lieferte ein Gesamtszenario für die gesellschaftliche Dynamik des Booms: Das war »Modernisierung«. Als sozialwissenschaftliche Theorie stellte sie auch die Hintergrundannahmen für viele konkrete Planungs- und Gestaltungsideen bereit, welche insbesondere von den sozialliberalen Reformkräften gefordert und umgesetzt wurden mit dem Ziel, die Institutionen und Infrastrukturen der westeuropäischen Gesellschaften »fit« zu machen für die nächste Runde des Wachstums.

Der Dreischritt einer permanenten, aber graduellen Anpassung aller gesellschaftlichen Institutionen an die jeweilige »Herausforderung« eines linear gedachten, kalkulierbaren Fortschritts, sodann die krisenfreie Bewältigung der ökonomischen Verteilungskonflikte einer dynamischen Wirtschaft und schließlich der Ausbau einer liberalen, partizipatorischen Demokratie galt im Horizont dieser Theorie als die funktional beste »Antwort« auf die Eigendynamik von Industriegesellschaften.

Unübersehbar lieferte die Modernisierungstheorie auch plausible Erklärungen für den neuen Trend der Individualisierung, denn sie interpretierte ihn als zeitgemäß wachsende Emanzipation des Einzelnen aus tradierten kollektiven Bindungen. Als Entwurf rationaler Wohlstandsindividualität war die Modernisierungstheorie auch eine Art Basistheorie der vielen Sozialtechniken und Sozialexpertisen, welche seit den 1960er Jahren in den expandierenden sozialen und therapeutischen Dienstleistungen der westeuropäischen Gesellschaften zum Zuge kamen.

Ihr Einfluß auf Denken und Handeln wurde nicht zuletzt in den griffigen Formeln sichtbar, mit denen die Modernisierungstheorie in der breiten Öffentlichkeit zirkulierte. So galt ihren Anhängern das Frankreich der 1960er und frühen 1970er Jahre als »blockierte Gesellschaft«.[3] Es müsse die »amerikanische Herausforderung« – wie der Erfolgstitel des liberalen Publizisten Jean Jacques Servan-Schreiber[4] lautete – endlich annehmen, um die Rückständigkeit tradierter Verhaltensweisen und etablierter Institutionen zu überwinden.

Postindustrielle Gesellschaft und Wertewandel: Begrifflichkeiten der 1970er Jahre

1977 trat der amerikanische Politologe Ronald Inglehart mit einem Buch an die Öffentlichkeit, das sein Programm im Titel trug und an dem der Autor seit gut einem Jahrzehnt gearbeitet hatte. »The Silent Revolution« erhob den Anspruch, Wertewandel in westlichen Gesellschaften zu untersuchen.[5] Inglehart entwickelte einen Schematismus des Übergangs von »materiellen« zu »postmateriellen« Werten. »Materialistisch« waren in dieser Deutung die Präferenz für Wirtschaftswachstum, Sicherheit und Ordnung. »Postmaterialistisch« waren Vorlieben für ein größeres Maß an individuellen Entfaltungsspielräumen und Freiheiten, an Partizipation und sozialer Gerechtigkeit. Hier lag die erste, noch recht allgemein argumentierende Studie auf der Grundlage empirischer Meinungsumfragen vor, die sich mit dem Wandel von Industriegesellschaften im Verlauf des Booms beschäftigte, diesen Wandel ohne Umschweife als Revolution einstufte und das Ende des Industriezeitalters herannahen sah. In diesem Punkt war Inglehart deutlich an den Thesen des Soziologen Daniel Bell aus dem Jahr 1973 orientiert, wo es darum ging, »the coming of post-industrial society« als Zukunftsvorhersage darzulegen.[6] Inglehart konzentrierte seine Arbeit auf die Triebkräfte des Wandels in den zurückliegenden 1960er Jahren und der unmittelbaren Gegenwart. Gleichwohl ruhte seine Argumentation auf den Thesen von Bell auf.

Daniel Bell hatte früh schon die ideellen Trends in der US-amerikanischen Nachkriegsgesellschaft beobachtet und sie als aktiver Publizist im *Congress for Cultural Freedom*, dem einflußreichen Netzwerk zur Verbreitung des liberalen Konsenses in den 1950er Jahren, mit vorangetrieben. 1960 verkündete er siegesgewiß »the end of ideology«, weil es damals den Anschein hatte, daß der liberale Konsens gesellschaftlich, wirtschaftlich und sozialkulturell im »Westen«, in den Ländern des westlichen Bündnisses und der Geltung der Marshallplan-Hilfe, zum Durchbruch gekommen sei. Wo »Konsens« und »Keynes« als Steuerungstechniken für den gesellschaftlichen Fortschritt unangefochten wirkten, könne es keine konkurrierende Ideologie mehr geben. Deshalb sah Bell das »Ende von Ideologie« gekommen und wurde damit einer der einflussreichsten Interpreten der Modernisierungstheorie.[7] Zehn Jahre später hatte er längst erkannt, daß er die Fanfare zum Sieg des liberalen Konsenses nicht nur vergeblich, sondern auch fälschlich geblasen hatte. Im Zerfall des westlichen Wirtschafts- und Finanzgefüges seit der Eskalation des Vietnamkriegs bis hin zum Ende von Bretton Woods und in der Erosion der stabilen sozialökonomischen Struktur des fordistischen Produktionsregimes hatte Bell während der

1960er Jahre in den USA die Anzeichen einer tiefreichenden Veränderung erkannt und seine Theorie der nachindustriellen Gesellschaft entwickelt. Als das Buch 1975 in deutscher Übersetzung erschien, wurde es als das fundierteste und interessanteste Werk über die Zukunft der westlichen Industriestaaten eingeschätzt.[8] Denn die nachindustrielle Gesellschaft sah Bell nicht nur als Dienstleistungsgesellschaft, in der sich der Schwerpunkt der Erwerbsarbeit vom sekundären in den tertiären Sektor verschoben hatte, sondern er erkannte die »Dimensionen des Wissens und der Technologie« und skizzierte vor diesem Hintergrund die »Struktur der Wissensgesellschaft«. Der Niedergang der Industriearbeit, der »Maloche«, der Anstieg von Dienstleistung in Parallele zum technologischen Wandel und die damit verknüpfte, durchgreifende Veränderung von »Struktur« in der nachindustriellen Gesellschaft hatte Bell im Übergang von den 1960er in die 1970er Jahre erkannt. Seine theoretischen Erwägungen zusammen mit dem Versuch, daraus eine Vorhersage zur gesellschaftlichen Entwicklung abzuleiten, gaben Inglehart Anregungen, um seine Fragen nach dem Wertewandel in westlichen Industriegesellschaften mittels empirischer Forschung auf ein solides Fundament zu stellen.[9]

Inglehart sah die materiellen Auswirkungen des Nachkriegsbooms als Grundbedingung für den kulturellen Wandel. Er nannte die verbesserten Bildungschancen, die Erweiterung von Wissen und Wahrnehmung durch Fernsehen und Auslandsreisen sowie den gewaltigen Fortschritt der Produktivität und Technologie, welche zusammengenommen sowohl bei Männern als auch bei Frauen geradezu dramatische Veränderungen der Lebensumstände und eine Aufwärtsentwicklung der Alltagsbedingungen bewirkt hätten. Die veränderte Beschäftigungsstruktur hin zur postindustriellen und zur Wissensgesellschaft, die Ausweitung von Erziehung und Bildung durch gestiegene Familieneinkommen und die Eingewöhnung in den Umgang mit Massenmedien hätten einen deutlich anderen Erfahrungshintergrund der Jüngeren im Unterschied zu deren Eltern und Großeltern entstehen lassen. Daraus erklärten sich Veränderungen in den individuellen Einstellungsmustern, die Inglehart im Zenit des Booms für wichtiger hielt als die Unterschiede der sozialen Herkunft oder Klassenbildung.

Damit wertete Inglehart die Bedeutung altersspezifischer Unterschiede auf: Beginnend mit dem Jahrgang 1946 nahm, so seine

These, der Anteil der »Postmaterialisten« bei den jüngeren Alterskohorten beständig zu. Dieser Trend setzte sich in Westeuropa auch dann noch fort, als in den 1980er Jahren die Zukunftsaussichten gerade für die junge Generation unsicher wurden.

Die soziologische Kritik warf ihm vor, den religiösen Bereich, Familie und Sexualität nicht erfaßt zu haben.[10] Die sozialwissenschaftliche Diskussion über die Tragfähigkeit und die Grenzen des Ansatzes brauchen wir an dieser Stelle nicht weiter zu verfolgen. Seine Kernthese vom Wertewandel in westlichen Gesellschaften blieb von Anfang an unbestritten, und als Ronald Inglehart 1989 ein neues Buch zum selben Thema unter dem Titel »Kultureller Umbruch« vorlegte, bestätigte damit nicht nur er selbst die Wahrnehmung des Strukturbruchs in den 1970er Jahren.[11] Vielmehr wurde ihm in einem kurzen Text, der mit dem Titel seiner beiden Bücher spielte, direkt bestätigt, daß der Wertewandel weder ein Konstrukt noch ein ephemeres Phänomen der späten 1960er und frühen 1970er Jahre gewesen, sondern ein zunehmend dramatisches Geschehen sei.[12]

Aus zeithistorischer Sicht bestehen die Kennzeichen von Ingleharts *Silent Revolution* darin, daß die Prämissen der Boom-Epoche insofern noch mitreflektiert werden, als die Konzentration auf die ökonomische und politische Handlungsebene ganz selbstverständlich erscheint: Wirtschaftliches Handeln, fiskalpolitische Steuerung und der stabile Rahmen des nationalen Staats stehen nicht in Frage. Ähnlich setzt Inglehart 1977 den Wertewandel von der materialistischen zur postmaterialistischen Orientierung noch in keinen Bezug zur nachlassenden Geltung der Modernisierungstheorie. Für den Zeithistoriker ist dies ein Indiz dafür, daß Struktur- und Orientierungsmuster der Epoche des Booms, zu denen Nationalstaat und Modernisierung zählten, von Inglehart zum Zeitpunkt seiner Studien noch unhinterfragt als gültig angenommen wurden. Das neue Deutungsmuster erlaubte es aber, die politischen und moralischen Spannungen und Konflikte zu entdramatisieren, die sich angesichts irritierender Neuentwicklungen in Gestalt von Pluralisierung und Liberalisierung der Lebensstile als Trend zu weiterer Individualisierung beschreiben lassen. Sie wurden als Übergangsphänomene relativiert. Im Wertewandel der Gesellschaft fanden auch die Revoluzzer, Grünen und Wertkonservativen ihren Platz.

Ende der 1970er Jahre setzte die soziologische Wertwandelsforschung auch in Deutschland ein. Schon 1978 weitete sie sich zu einer öffentlichen Debatte aus, die das Spektrum der zeitgenössischen Deutungsmuster schlaglichtartig ausleuchtet. Zuerst publizierte Elisabeth Noelle-Neumann, die Leiterin des Instituts für Demoskopie in Allensbach, einen sozialkonservativen, kulturpessimistischen Essay über »Wertewandel in unserer Gesellschaft«, in dem sie für die Jahre von 1967 bis 1972 ein Absinken der »bürgerlichen Werte« diagnostizierte. Mit der Lebensstilrevolution sei dann eine – wie sie es unter Anspielung auf Inglehart nannte – »stille Revolution« um die Mitte des Jahrzehnts gefolgt, die alsbald den »Verfall der Arbeitsfreude« nach sich gezogen habe. Das wurde für das Jahr 1977/78 festgestellt, als im Strukturbruch des Industriesystems die Arbeitslosenzahlen erstmals deutlich anstiegen. Bei Noelle-Neumann lautete die Quintessenz freilich: »Macht das Fernsehen träge und traurig?«[13] Die Symptome des Strukturbruchs, die wir im vorigen Kapitel unzweideutig mit dem Ende der Traditionsindustrien und der abnehmenden Bindekraft des haltgebenden *Rahmens* aus der Nachkriegszeit in Beziehung setzen konnten, tauchen in der zeitgenössischen konservativen Wahrnehmung als Verfallserscheinungen im – oder infolge von – Wertewandel auf.[14]

Ein Jahr nach dem Erscheinen von *The Silent Revolution* organisierte sodann der Soziologe Helmut Klages eine internationale Tagung über »Werteinstellung und Wertwandel«, deren Ertrag 1979 publiziert wurde.[15] Klages erweiterte nicht nur das Modell von Inglehart um die Dimension der immateriellen Wertvorstellungen, sondern er hielt es auch frei von den kulturpessimistischen Assoziationen im tagespolitischen Meinungsbild des überregionalen Feuilletons. Als immateriell galten Selbstentfaltungswerte einerseits und Pflicht- und Akzeptanzwerte andererseits. Klages sah im Verlauf von gut drei Jahrzehnten seit 1950 einen massiven Wandel der Erziehungsziele und stellte fest, daß die Orientierung an »Gehorsam und Unterordnung« hier, an »Selbständigkeit und freiem Willen« dort, scherenhaft auseinander ging, während das Muster »Ordnungsliebe und Fleiß« relativ konstant blieb. Die Schere öffnete sich 1969 und klaffte dann zu Beginn der 1980er Jahre am weitesten auf. Klages bezog sich *expressis verbis* auf die Modernisierungstheorie als erkenntnisleitendes Prinzip in der Analyse und wies ihr zugleich auch unzweideutiges Gewicht als handlungsleitende Kategorie im Untersuchungszeitraum selbst zu.

Modernisierung habe infolge von strukturellen Änderungen in der Gesellschaft einen Wertewandel in der sozioökonomischen Sphäre hervorgerufen. Bis hierhin deckten sich die Ergebnisse von Inglehart und Klages. Dann aber nahm letzterer eine »historische Einzelfall-Charakteristik« vor, die materielle und immaterielle Faktoren ununterscheidbar zusammenwirken sah. Klages sprach von der »Entgrenzungsperspektive«, wenn er auf die Emanzipation aus den Fesseln einer geschichtlich überlieferten »kleinbürgerlichen Daseinskargheit« Bezug nahm, die dem entspricht, was wir weiter vorn mit der rahmengebenden Trias »Fabrik – Familie – Feierabend« bezeichnet hatten.[16] Insgesamt erweisen sich sämtliche Charakteristika des großen Booms als Schubkräfte des Wandels. Die »Startphase des Wertewandelsschubs« habe in den Jahren zwischen 1963 und 1965 gelegen: Anhaltende Prosperität ermöglichte den Wandel im Konsumverhalten, das jetzt erstmals die Ebene der materiellen Existenzerhaltung überschritt und von echter individueller Entscheidungsspontaneität bestimmt wurde. Die abnehmende Wochenarbeitszeit ermöglichte die Freizeitgesellschaft und verzahnte sich mit der Motorisierungsrevolution. Daseinssicherheit wurde jetzt durch den Sozialstaat gewährleistet. Die Bildungsrevolution öffnete die Gesellschaft; sie bot unbeschränkte individuelle Aufstiegschancen und machte diese zu einem Element des Sozialbewußtseins der breiten Bevölkerungsschichten, und schließlich stieß das Fernsehen das Fenster auf »in eine lockende, von Überfluß und individueller Unabhängigkeit bestimmte Zukunft«.[17]

Die lockende Zukunft: Das war das gesellschaftliche Empfinden im Trend der Modernisierungseuphorie, die sich seit 1965 ausbreitete und nach der Ölkrise 1973/74 zwar verhaltener wurde, aber doch über die mittleren 1970er Jahre hinaus noch Anspruch und Erwartung in der Gesellschaft bestimmte. Der historische Ort der Diskussion über den Wertewandel ist mithin die Zeit im Jahrzehnt des markanten historischen Widerspruchs, als die Auswirkungen des Booms in der Breite der Gesellschaft handlungsprägend geworden waren und der Strukturbruch eingesetzt hatte. Bedürfnisse waren geweckt worden, aber auch neue Einstellungen zu Gesellschaft und Politik generiert worden, die sich angesichts erster ungemütlicher Auswirkungen vielleicht nicht würden aufrecht erhalten lassen.[18]

Risikogesellschaft und reflexive Modernisierung

Um 1980 machte sich Skepsis bemerkbar, wenn es um »Modernisierung« und die Frage nach der »Zukunft« ging. Aus der öffentlichen Sprache verschwand nahezu völlig der »Fortschritt«, der in den 1960er Jahren die Vorstellungen von der wissenschaftlichen Planung politischer Prozesse und die Utopien der Sozialingenieure beherrscht hatte, bevor er nach 1970 fast normativen Charakter für gesellschaftlich *progressives* Bewußtsein annahm. Im Strukturbruch wurden Veränderungen spürbar, die eine im traditionellen Industriesystem verwurzelte Gesellschaft nur als Rückschlag, Krise, Erschwernis der Lebensbedingungen empfinden konnte. Daß darin auch ein Fortschreiten, ein Übergang in einen neuen, anderen Zustand von Industriesystem und industriegesellschaftlicher Lebensform angelegt war, mochten viele nicht sehen. Und doch: »Man kann zum Fortschritt zwar nein sagen, aber das ändert nichts an seinem Vollzug.«[19]

Ulrich Beck formulierte diesen Satz eher nebenbei in seinem Buch »Risikogesellschaft«, das 1986 erschien und über den »Weg in eine andere Moderne« nachdachte. Wie kaum ein anderer Text aus den 1980er Jahren bot diese soziologische Studie ein kritisches, engagiertes, ja partienweise rabiates Räsonnement über den Zustand der Gesellschaft in einer Zeit dramatischen Wandels und über den Zustand der Gesellschaftswissenschaften, die sich der Einsicht in den Wandel nicht öffnen wollten. Becks »Risikogesellschaft« war ein Schlüsseltext für die Problemwahrnehmung des Nicht-mehr-Funktionierens der alten industriellen Welt und des exponentiellen Anwachsens von Schäden, die in der Gesellschaft wie in der Umwelt einen jeden Menschen ohne Ansehen der Person und ohne Frage nach seiner Mitverantwortung betreffen. Das Buch spiegelte die nach 1980 gewaltig zunehmende, bisweilen in chiliastische Dimensionen vorstoßende Diskussion über Technikfolgen und Umweltbelastung nach den Chemiekatastrophen von Seveso in Norditalien 1976 und im indischen Bhopal 1984. Gleichermaßen bildete es eine Reaktion auf die Debatte über Waldsterben und Ressourcenverschleiß, die ihren Schwerpunkt in der Bundesrepublik Deutschland hatte. Das verknüpfte sich mit der Dynamik der Neuen sozialen Bewegungen auf den Feldern von Umwelt, Frieden und Frauenemanzipation, die den zunehmenden Widerstand gegen das technokratische Handeln in Wirtschaft und Politik unter dem Postulat der Modernisierung ohne Rücksicht auf das Lebewesen Mensch bündelten. 1982/83 begann sich die Immunschwäche AIDS seuchenhaft auszubreiten. Damals entstand das Bewußtsein, daß die moderne industrielle Welt Risiken erzeuge und Bedrohungen hervorbringe, die einen jeden Menschen unabhängig von seiner Beteiligung an der Schadensproduktion betrafen. Als Beck das Manuskript abgeschlossen hatte, kam die Reaktorkatastrophe von Tschernobyl im April 1986. »Aus gegebenem Anlaß« schaltete Beck seiner »Risikogesellschaft« eine knappe Überlegung vor, die sein Anliegen gleich auf der ersten Seite scharf formulierte: »Not läßt sich ausgrenzen, die Gefahren des Atomzeitalters nicht mehr. Darin liegt ihre neuartige kulturelle und politische Kraft. Ihre Gewalt ist die Gewalt der Gefahr, die die Schutzzonen und Differenzierungen aufhebt.« Und weiter unten folgte die ernüchterte Feststellung: »Die Rede von industrieller Risikogesellschaft auch und wesentlich in diesem Sinne (...) hat einen bittern Beigeschmack von Wahrheit erhalten. Vieles, das im Schreiben noch argumentativ erkämpft wurde – die Nichtwahrnehmbarkeit der Gefahren, ihre Wissensabhängigkeit, ihre Übernationalität, die ›ökologische Enteignung‹, der Umschlag von Normalität in Absurdität usw. – liest sich nach Tschernobyl wie eine platte Beschreibung der Gegenwart.«[20]

Für die gegenwartsnahe Zeitgeschichte ist Becks »Risikogesellschaft« von 1986 ein Quellentext von bestechender Suggestivität. Zugleich aber sind die Schlagworte der von ihm angestoßenen Diskussion zu Begriffen geworden, welche die 1980er Jahre charakterisieren – neben der Risikogesellschaft war das vor allem die These der reflexiven Modernisierung. In den Sozialwissenschaften riefen Becks Thesen verhaltene Reaktionen hervor, denn das Buch bot alles andere als eine systematische empirische Analyse. Vielmehr handelte es sich hier um ein zwar systematisch konzipiertes, aber mit expressiver Verve aus einer Fülle von Gegenwartsbeobachtungen argumentierendes Buch, das seine Plausibilität aus der Evidenz der These, weniger aus dem Material bezog.[21] Hier wurden Trends der Zeit erspürt, ernstgenommen und in ihrer teils widersprüchlichen Komplexität systematisiert, soweit das beim ersten Anlauf möglich war. In Abscheu und Faszination entfaltete der Autor seine Einsichten in die neuartigen Entwicklungen der Gegenwart und versuchte, die Bedeutung des Geschehens zu erfassen. Darin liegt die Relevanz der These von Risikogesellschaft und reflexiver Modernisierung, die sie nicht nur als Etikett für die 1980er Jahre legitimiert, sondern auch darüber hinaus wegen der Weiterentwicklung im transnationalen Bezug sowie der Ausdifferenzierung und Anpassung an Transformationsprozesse der 1990er Jahre.[22]

In der begrifflichen Kombination von Risikogesellschaft und reflexiver Modernisierung kippt die Semantik des bis dahin unkritisch und selbstverständlich positiv verstandenen Terminus Modernisierung ins Negative. Das ist der Ansatzpunkt der gesamten Argumentation. Beck begreift die Industrialisierung des montanindustriellen Zeitalters und die Modernisierung als einen Zusammenhang und verwendet daher »›Modernisierung‹ im Sinne eines Oberbegriffs«.[23] Dies wird als »einfache Modernisierung« bezeichnet, von der dann eine »reflexive Modernisierung« in den 1980er Jahren abzugrenzen sei. Die »einfache Modernisierung« war an eine Industriegesellschaft gekoppelt, in der »Reichtumslogik« dominierte und die Kompatibilität der Risikoverteilung behauptet wurde.[24] Dieses einfache Bezugssystem stellte die Risikobereitschaft des Unternehmers in der Stahl- und Textilbranche in eine Perspektive mit der Bereitschaft des Stahlwerkers zur Maloche oder des Textilarbeiters zur Hingabe an die Mensch-Maschine-Symbiose: Wer Risiken einging, profitierte auch davon. Vor dem Hintergrund, daß dieses einfache Bezugssystem die Erfahrung der Gesellschaft um 1980 noch weitgehend bestimmte, wurde mit dem Begriff Risikogesellschaft die *Inkompatibilität* von Reichtums- und Risikoverteilung und die »Konkurrenz ihrer ›Logiken‹« behauptet. Damit war ein theoretisches Raster entworfen, um die Geschichte des Reichwerdens im Zeitalter des großen Booms zugleich als *Verlust*geschichte beschreiben und angesichts des Wohlstanderwerbs die *Kosten* des Wohlstands herausstellen zu können.

Die Semantik von Modernisierung kippt ins Negative. Um sich an diesem Punkt jedoch nicht vom Kulturpessimismus überwältigen zu lassen und der »Moderne« überhaupt den Abschied zu geben, taucht die Frage nach Richtungswechseln und nach einem neuen, anderen Sinn im Prozeß der Moderne auf. Das wird in die nur auf den ersten Blick mißverständliche Formulierung der »reflexiven Modernisierung« gebracht.[25] Es geht darum, die Janusgesichtigkeit gesellschaftlicher Entwicklung für die sozialwissenschaftliche Beschreibung von Moderne präsent zu halten und zu akzentuieren. Nur wenn die gesellschaftliche Entwicklung nicht nur als ein Weiterwirken vorhandener Gewohnheiten, sondern gleichzeitig auch als Entstehung neuer Handlungsgefüge aufgefaßt wird, kann die Frage nach Gestaltung der Zukunft durch die Gesellschaft überhaupt aufgeworfen werden. Wir beobachten seit den 1980er Jahren – worauf wir im letzten Abschnitt dieses Kapitels näher zu sprechen kommen – einen Rückgang und dann ein scheinbar völliges Verschwinden der Verlaufsbegriffe in westlichen Gesellschaften. An die Stelle von Modernisierung trat die Moderne. Von Fortschritt sprach niemand mehr. Der Gedanke an Zukunft meint vielleicht die Erwerbsperspektive des Arbeitnehmers in der *new economy,* solange keine Kündigung droht, aber gewiß nicht die Vision gesellschaftlicher Gestaltung von Lebenswelt und Lebensbedingungen. Angesichts dieses damals neuartigen, kulturgeschichtlich wie sozialpsychologisch enorm wichtigen Phänomens, den Verlauf der Geschichte einfach nicht mitzuvollziehen, sucht Beck mit der Theorie der reflexiven Modernisierung einen Ausweg.

»Reflexive Modernisierung« meint zum einen das Kumulieren, Aufbrechen und Umschlagen in negative Erscheinungen von Entwicklungstendenzen im Industriesystem, die bis dahin als Modernisierung gesehen wurden. Die Redewendung aus der Nachkriegszeit und dem Wirtschaftswunder, es solle uns allen besser gehen, wird jetzt ersetzt durch die Frage, um welchen Preis es uns auch weiterhin stetig besser gehen könne und ob unser Leben im Bessergehen nicht schlechter, ärmer, vergifteter werde. Die »Grenzen des Wachstums«[26] sind in der Theorie der »reflexiven Modernisierung« mit Händen zu greifen. Zum andern aber schließt diese Theorie – darin ist sie ein Kind der kapitalismuskritischen Zeitstimmung in der akademischen Öffentlichkeit der 1970er Jahre – das Erfordernis in sich, den bisherigen Modernisierungsprozeß im Blick auf dessen Grenzen, Diskontinuitäten und Paradoxien kritisch zu hinterfragen.[27]

Das entscheidende Merkmal und der Nutzen für den geschichtswissenschaftlichen Umgang mit diesem Konzept besteht darin, daß hier eine Theorie des historischen Wandels entwickelt wird, die den Strukturbruch und den Umschwung in der Epoche nach dem großen Boom mitdenkt und zu konzeptualisieren in der Lage ist, anstatt Modernisierung ausschließlich im Kontinuum der Industriemoderne zu begreifen. Denn so zu denken, führt entweder zu der

Einsicht, daß im Strukturbruch irgend etwas zu Ende gegangen ist und das, was danach kommt, dann sinnfälliger Weise nur »post« sein könne – postindustriell, postmodern. Oder aber der Strukturbruch wird relativiert, und dann steht zwar nicht unbedingt die Modernisierung vor unser aller Augen, doch immerhin die Moderne als »unvollendetes Projekt«.[28] Die »reflexive Modernisierung« erlaubt es, den industriewirtschaftlichen Fortschritt samt seiner gesamtgesellschaftlichen Kosten zu historisieren. Damit bekommt die Geschichtswissenschaft den Blick frei, um »Abschied vom Gestern« zu nehmen, ohne kulturpessimistische Untergangsszenarien beschwören zu müssen.[29] Gleichzeitig erschließen sich »Szenarien einer möglichen Zukunft«[30] seit den 1980er Jahren.

Die Entstehungsbedingungen der These von der Risikogesellschaft und die frühe Formulierung der Theorie der reflexiven Modernisierung verweisen auf das wachsende Unbehagen angesichts von rücksichtslosem Ressourcenverbrauch durch Wirtschaft und Gesellschaft in den Jahrzehnten des großen Booms. Umweltbewußtsein und die ökologische Dimension in der sozialwissenschaftlichen Urteilsbildung am Anfang der 1980er Jahre bestimmen den Erkenntnisgang. Erste Warnungen über die Auswirkung von Industrie-Emissionen auf Waldböden und Pflanzenwachstum waren schon in den frühen 1960er Jahren gekommen. Zehn Jahre später traten kritische Bürgerinitiativen und umweltpolitische Bewegungen im Zuge der gesellschaftlichen Pluralisierung und Individualisierung auf den Plan. Wieder zehn Jahre später hatte in Deutschland die fast endzeitlich anmutende Debatte über das Waldsterben eingesetzt. Das charakterisiert den Erkenntnishorizont der Studie über die »Risikogesellschaft«. Die ökonomische Dimension, die damals noch neu und nur erst in Umrissen zu erkennen war, tauchte nur ganz am Rande auf. Wenn von »Durchmarktung« sozialer Lebensformen die Rede ist,[31] wurde eine erste Ahnung vom Umschwung zum monetaristischen Denken und der neoliberalen Begründung politischen Handelns spürbar. Die Abkehr von gesellschaftlichen Ordnungsmustern der Nachkriegs- und Wiederaufbauzeit und die verstärkte Individualisierung, die ja die Voraussetzung bildeten für die sozialkulturelle Akzeptanz eines neuen Produktionsregimes, nehmen hingegen breiten Raum ein. Aber der Blick geht in die Vergangenheit, wenn die »Enttraditionalisierung der industriegesellschaftlichen Lebensformen« und die

»Individualisierung sozialer Ungleichheit« zur Sprache kommen und der erbarmungslose Individualismus des »Ich bin Ich« in den zwischenmenschlichen Beziehungen durchleuchtet wird.[32] Über die Transformationskraft des Postulats radikaler Marktfreiheit in der Gesellschaft und in den sozialen Bindungen selbst des privaten Bereichs wurde während der 1980er Jahre noch kaum nachgedacht.

Schließlich nimmt die Politik großen Raum in dieser Zeitdiagnose ein. Die sinkende Gestaltungskraft der Regierungen und Parlamente angesichts von »Sachzwängen« technologischer und ökonomischer Art wird kritisch analysiert. Zugleich folgt der Leser auf den Spuren der Neuen sozialen Bewegungen vielfältigen Wegen einer diffusen Politisierung von immer breiteren Lebensbereichen und Themenfeldern, die Ulrich Beck als Ansatzpunkte für mögliche neue Formen »reflexiver« Selbststeuerung diskutiert. Sein Buch ist für den Zeithistoriker ein deutlicher Hinweis auf den Bedeutungsverlust der etablierten Formen nationaler Politik bei gleichzeitiger Ausweitung des Politischen.

Postmoderne und radikale Gegenwartskritik

Ganz anders als die Theorie der reflexiven Modernisierung spiegelte die ubiquitäre Rede von der Postmoderne das wachsende Empfinden einschneidender Veränderungen wider, von Niedergang und Ende. Das Geschnatter in Medien und Akademikerkreisen braucht uns hier nicht zu interessieren, wonach die Verbindlichkeit von Tradition nicht mehr galt, sondern »alles« möglich geworden sei. Das Mißverständnis, der Begriff »Postmoderne« umschreibe das Handlungsmuster »anything goes«, war früh verbreitet und erweist sich bis heute als zählebig. Es dient all jenen als wohlfeiles Argument, die spüren, daß Strukturen sich auflösen, Werte sich wandeln, Normen relativiert werden, ohne zu fragen, was denn neu entsteht und was das Neue ausmache, seinen Wert, Nutzen oder Schaden, kennzeichnen könnte. Die Semantik des Begriffs leitet sich aus der Literaturtheorie und Architektur her, und die Postmoderne ist als ästhetische Gegenbewegung gegen die Moderne des Konsenses, der Planung, Steuerung und des *social engineering* aufzufassen – als Gegenbewegung der 1980er Jahre gegen die technokratischen »langen« 1960er Jahre.[33]

Man versteht diese Denkrichtung besser, wenn man sie in den Kontext der intellektuellen Zeitkritik zurückversetzt, der sie entstammt und in deren Horizont sich ihre Protagonisten sozial und intellektuell bewegt haben. Ihr Zentrum war das intellektuelle Feld Frankreichs, konkret Paris, das seit dem Zweiten Weltkrieg zum wichtigsten Gegenpol des angloatlantischen Denkstils aufstieg.[34] Dieser war geprägt durch die Symbiose amerikanischer und europäischer liberaler Traditionen. Die großen Sozialtheoretiker Frankreichs verharrten nach 1945 in kritischer Distanz dazu, seien es Jean-Paul Sartre oder Claude Lévi-Strauss, Jacques Derrida, François Lyotard bis hin zu Pierre Bourdieu. Ihre Kritik war nicht zuletzt darin begründet, daß dieser Denkstil ein affirmatives Verhältnis zu den dominanten Kräften und Ideen in Politik und Wirtschaft repräsentierte und damit die von ihnen ganz unterschiedlich begründete, engagiert gelebte moralische Pflicht des modernen Intellektuellen zur Gesellschaftskritik zu verraten schien.

Es ist hier nicht der Platz, die vielfältigen Spielarten dieser intellektuellen Einsprüche gegen den Konsens zunächst der Modernisierungstheorie, dann des Neoliberalismus im einzelnen durchzumustern. Für unsere doppelte Zielsetzung, sensible zeitgenössische Beschreibungen der Umbrüche sowie tragfähige Deutungsmuster für die eigene historische Analyse zu gewinnen, scheinen folgende Aspekte entscheidend. Das gesamte strukturalistische und poststrukturalistische Denken blieb geprägt vom Modell der Marx'schen Gesellschaftskritik. Es steht insofern der deutschsprachigen und nach dem Zweiten Weltkrieg dann internationalen Tradition der Kritischen Theorie in seiner Art des Gegenwarts- und Gesellschaftsbezugs durchaus nahe. Die französische Gesellschaftskritik radikalisierte die traditionelle marxistische Kritik an der sozialharmonischen Sicht linearen Fortschritts und evolutionärer Entwicklung zu einer selbstkritischen Theorie der Moderne, welche die Pluralität möglicher Zukünfte und damit die Kontingenz der politischen und ökonomischen Entscheidungen in der Gegenwart betonte. Früher als andere Gesellschaftstheoretiker formulierten die französischen Strömungen den Abschied von den stabilen Zukunftserwartungen des Booms und unterzogen alle großen sozialwissenschaftlichen Trendbeschreibungen einer politischen Machtkritik. Dazu gehörte auch der Abschied von den revolutionären Alternativen – lange vor 1989/90 – und die Hinwendung zu neuartigen Formen intervenierender Sozialanalyse im Kleinen und Konkreten. Sie registrierten frühzeitig die Veränderungen, die sich aus dem Ende des alten Industriesystems, den neuartigen Ansprüchen der Bildungs- und Wissensgesellschaft an die Individuen und den wachsenden Dysfunktionalitäten bestehender Institutionen ergaben.

Seismographisch beobachteten und formulierten die französischen Poststrukturalisten die Schwächung der traditionellen Machtzentren: Regierung, Parlament, Verbände. Angesichts der neuen ökonomischen, sozialen und kulturellen Dynamiken verblaßte deren Geltung. Foucaults Deutung der gegenwärtigen Gesellschaft betonte das Nebeneinander unterschiedlicher »Technologien«, verstanden als komplexe Steuerungsprinzipien des sozialen Zusammenhalts, von der Ressourcenverteilung bis hin zur Herrschaft. Mit den Begriffen »Biopolitik« und »Gouvernementalität« prägte er Schlüsselkategorien einer postmodernen Theorie der Politik und rückte dabei die Selbststeuerungsleistungen der Individuen in den modernen Gesellschaften in den Mittelpunkt.[35] Damit schuf er ein besonders attraktives Beschreibungsmodell für die Verschiebungen, die im zeitgenössischen Westeuropa zu beobachten waren. Das betraf den zum Teil spektakulären Rückgang gesellschaftlicher Kontrolle und Disziplinierung und die zunehmende Relevanz flexibler, selbstkontrollierender »Techniken des Selbst« in den komplizierter werdenden Lebensläufen der Individuen. Bourdieus Analysen betonten in gleicher Weise die Selbststeuerung und Eigenlogik der vielen unterschiedlichen Felder, welche die modernen Gesellschaften konstituieren, sie betonten aber vor allem die soziale Logik der Ressourcenkämpfe in diesen Sektoren. Foucault wie Bourdieu können auch der heutigen Zeitgeschichte einen Weg weisen, wenn es darum geht, die vielfältigen gegenläufigen Entwicklungen in den unterschiedlichen Regionen der sozialen, politischen und ökonomischen Welten Westeuropas zu durchdringen.

Der Abschied von den großen Makromodellen ging einher mit einer ganz neuartigen historischen Perspektivierung der Umbruchphase. Gegen die Mode der aktuellen Trenddiagnosen in den Sozialwissenschaften seit den 1980er Jahren setzten die französischen Sozialtheoretiker auf Wiederholungsstrukturen und Strukturen langer Dauer, die sie mit Hilfe des historischen Vergleichs entdeckt haben. Der Horizont gegenwärtiger Umbrüche weitete sich so zu einem viel größeren historischen Kontext, als dies für die industriegesellschaftlich basierten Theorien der ersten und zweiten, »reflexiven« Modernisierung denkbar war. Die gesamte Neuzeit kam in den Blick. Robert Castel etwa verortet in seiner historisch-soziologischen Untersuchung zur Lohnarbeit im westlichen Europa den Höhepunkt und das Ende der sozial abgesicherten und politisch integrierten Lohnarbeit des fordistischen Produktionsregimes in einer viel längeren Geschichte politischer, rechtlicher und sozialer Regelungen der Lohnarbeit seit dem hohen Mittelalter.[36] Die verfremdende Historisierung der Gegenwart war in dieser französischen Variante ein wichtiges Element der Gesellschaftskritik und zugleich auch ein implizites Plädoyer angesichts sich beschleunigender Prozesse anonymen sozialen Wandels für andere Gestaltungsoptionen in der Gegenwart.

Die philosophische Diskussion des Poststrukturalismus brachte zum Ausdruck, daß die verbindlichen Auffassungen, die Zuverlässigkeit und die Stabilität des Ordnungsrahmens der Nachkriegszeit, nicht mehr galten – weder sozial noch politisch, kulturell oder epistemologisch. Im zentralen Text zur Begründung der These, dem Essay von Jean-François Lyotard aus dem Jahr 1979 »Das postmoderne Wissen«,[37] wird zum Ausdruck gebracht, daß die »großen Erzählungen« der Moderne, die aufklärerische und die idealistische, ihre Legitimationskraft verloren hätten und die Gewißheiten der Moderne ungewiß geworden seien. Die philosophische Postmoderne wendet sich gegen totalisierende und universale Prinzipien und versucht demnach auch, auf neue, umfassende Deutungsangebote zu verzichten. Statt dessen forderte Lyotard unter diesem Signum einen offenen und kreativen Prozeß des »Redigierens der Moderne«, eine Art »Anamnese«, in der die Moderne ihre eigenen Ansprüche und Aporien produktiv »durcharbeitet«.[38] Dieses Modell ließ sich nicht leicht von der abstrakten Ebene denkerischer Kreativität auf die konkrete Ebene gesellschaftlichen Handelns übertragen. Gleichwohl brachte es klar und in bis dahin ungekannter Schärfe den Strukturbruch ins Bewußtsein, dessen Herannahen Protagonisten wie Lyotard bereits seit dem Übergang von den 1950er in die 1960er Jahre gespürt hatten. Die Theorie des postmodernen Wissens radikalisierte den Strukturbruch dergestalt, daß sie ihn als »Delegitimation« der Leitkategorien der Moderne seit dem 18. Jahrhundert auffaßte und, in philosophischem Paradigmenwechsel, die grundsätzliche Offenheit von Zukunft postulierte.

Der Bruch, der hier akzentuiert wurde, war insofern radikal, als er der Moderne im Zustand der 1980er Jahre bestritt, daß es ein Regelwerk geben konnte, mit dem sich die Gegenwart erklären und Zukunft konzipieren ließ.

»Neue Mitte« und »Dritter Weg«: Die Aufhebung des Links-Rechts-Gegensatzes

Im Verlauf der 1990er Jahre wurde die bisherige Wirkung des Strukturbruchs noch verstärkt durch den Kollaps der Ostblockstaaten. Der abrupte Übergang der staatssozialistischen Systeme zur kapitalistischen Wirtschaft gab nicht nur dem im Westen um sich greifenden »Marktfundamentalismus« nun in globalem Maßstab einen deutlichen Schub, sondern erledigte auch den politisch-ideologischen Gegensatz zwischen Links und Rechts mindestens in der Form, die er in der Zeit des Ost-West-Konflikts angenommen hatte.

Nicht nur der Osten hatte seinen Kosmos verloren, sondern der Westen auch. Die materielle Struktur aus der Nachkriegszeit war seit den 1970er Jahren zerfallen, weshalb die Volkswirtschaften der sozialistischen Staaten 1989/90 einfach in sich zusammensackten und die kapitalistischen Volkswirtschaften im westlichen Bündnis – infolge von Arbeitsmigration aus dem Osten und Öffnung der Märkte dort – nun um so stärker in den Sog des Wandels gerieten. Doch der Verlust des Kosmos hatte auch eine ideelle Dimension, denn die ideologischen Orientierungsmuster im Ost-West-Gegensatz hatten zur Stabilität des Rahmens in der Nachkriegsordnung entscheidend beigetragen.

Bald nach 1990 begann sich der englische Soziologe Anthony Giddens mit der Frage zu befassen, wie Industriegesellschaften, wie überhaupt die industrielle Welt »jenseits von Links und Rechts« beschaffen sein würden.[39] Den Begriff »Marktfundamentalismus« entwickelte er in diesem Zusammenhang.[40] Seine Überlegungen brachten ihn bald dahin, daß eine Neubestimmung des politischen Selbstverständnisses für die Sozialdemokratie Europas unerläßlich sei. Giddens skizzierte dies vor dem Hintergrund der englischen Erfahrungen mit der Krise des alten Industriesystems und dem rabiaten Kurswechsel im Thatcherismus.[41] Er wurde zum Berater und

Ideengeber von Tony Blair, als dieser daran ging, die traditionelle Labour Party in eine moderne Mittelstandspartei umzuformen. Die »reflexive Modernisierung« spielte auch für Giddens eine beträchtliche Rolle,[42] und sie bedeutete für ihn – angesichts der Auswirkungen des Thatcherismus im Großbritannien der 1980er Jahre – die Hineinnahme neokonservativer[43] Orientierungsmuster in sozialdemokratische Politikkonzepte. Es ging um die Integration von »Neoliberalismus« in Programm und Praxis der Sozialdemokratie.

Nach Blairs großem Wahlerfolg 1997 faßte Giddens seine Thesen knapp und eingängig unter dem Titel *The Third Way* zusammen.[44] Dieses Buch wurde zu einem Weltbestseller und bis 2002 in 25 Sprachen übersetzt. Es stieß die *Global Third Way Debate* an,[45] die signalisierte, daß der inzwischen international dominierende »Neoliberalismus« – die Wirtschaftsdoktrin der freien Märkte in der handels- und finanzpolitisch, technisch und ideell entriegelten Welt der »Globalisierung« – einer politischen Antwort bedurfte. Giddens hatte 1994 in »Jenseits von Links und Rechts« ausgeführt, was unter Globalisierung und Neoliberalismus zu verstehen sei.[46] Globalisierung sah er nicht nur als ein ökonomisches System an, sondern hier handle es sich »um die Verwandlung von Raum und Zeit«. Der Neoliberalismus sei eine implizit konservative Strömung, die sich einerseits der Freisetzung der Marktkräfte verschrieben habe und andererseits traditionelle Institutionen wie Familie und Nation heftig verteidige. Die neoliberale Sicht auf die Gesellschaft sei aber vor allem dadurch charakterisiert, daß sie sich zu sozialen Ungleichheiten völlig indifferent verhalte und sie bewußt in Kauf nehme, ja den Gleichheitsgedanken direkt und offensiv bekämpfe. Und daraus ergab sich die Einsicht, daß der bezeichnendste Zug des Neoliberalismus in der strikten Gegnerschaft zum Wohlfahrtsstaat zu erkennen sei.[47] Leitend in beiden Begriffsbestimmungen war die Diagnose der Entriegelung. Globalisierung trat an die Stelle des stabilen Rahmens in der politischen, ökonomischen und technischen Konstellation des Ost-West-Konflikts. Neoliberalismus beseitigte die sozialen Sicherungen in der bisherigen sozialstaatlichen Ordnung. Es galt also, ein Regelwerk zu beschreiben, welches die Grundideen der Solidarität und sozialen Gemeinschaft neu definierte, um sie im globalisierten Industriesystem zur Geltung zu bringen.

Diese Absicht konnte nicht ohne Kritik bleiben. Giddens' Ansatz basiere auf dem Mantra des Thatcherismus und reproduziere die

Sicht, wonach Globalisierung die ideologischen Alternativen zum Neoliberalismus »pulverisiert« habe.[48] Hier deutete sich 1999 die Aversion gegen den Versuch einer neoliberalen Reform der Sozialdemokratie an, die einige Jahre später den Auftrieb ideologisch linker Positionen des traditionellen Typs begleitete. Gleichwohl, die Hineinnahme des Neoliberalismus in sozialdemokratische Politikkonzepte wurde zum Kennzeichen von Giddens' politischer Publizistik. Das bedeutete, die Kategorie der Modernisierung in der sozialwissenschaftlichen Urteilsbildung nach dem Strukturbruch neu zur Geltung zu bringen und gleichzeitig das traditionelle Bekenntnis zu Solidarität und Gemeinschaft in die soziale Wirklichkeit des neuen Produktionsregimes von »Globalisierung« und »Neoliberalismus« zu integrieren.

Im Kontext von »fünf Dilemmata«, die Giddens für die »Verwandlung von Raum und Zeit« namhaft machte,[49] benannte er zentral das Links-Rechts-Dilemma. Denn mit dem »Ableben des Sozialismus als einer Theorie der Wirtschaftssteuerung« – zu verstehen auch als ein Seitenhieb à la Hayek gegen Keynes – sei für absehbare Zeit eine der wichtigsten Scheidelinien zwischen Links und Rechts verschwunden. Obendrein sei bei wichtigen Problemen wie der ökologischen Herausforderung nach der Erfahrung von Tschernobyl die politisch-ideologische Dichotomie bedeutungslos geworden. Deshalb müsse es nun darum gehen, die Mitte der Gesellschaft politisch so zu orientieren, daß die Beschreibung einer partei-programmatischen Orientierung auf »Mitte-links« auch Substanz aufweisen könne. Eine erneuerte Sozialdemokratie müsse sich links von der Mitte befinden, »weil soziale Gerechtigkeit und emanzipatorische Politik nach wie vor ihren Kern bilden«. Da aber die Mitte nicht entleert sei, müßten die Sozialdemokraten »aus den losen Enden vielfältiger Lebensformen« Allianzen bilden können. Die erneuerte Sozialdemokratie stehe vor der Aufgabe, althergebrachte Probleme mit den aktuellen Bedingungen von Risikogesellschaft zu vermitteln. Das bedeutete nichts anderes, als die ideologischen Gewißheiten aus der Tradition des Sozialismus auf sich beruhen zu lassen, die Lebensformen der individualisierten und pluralisierten Gesellschaft in politisches Handeln umzusetzen und das Erfordernis ökologischer Weltwahrnehmung in den Industriegesellschaften politisch zu integrieren. »Mitte-links« zielte auf die Wähler, die sich seit den 1970er Jahren als Trägergruppen reflexiver Modernisierung herausgebildet hatten. »Mitte-links« zielte zugleich auf die Schichten, die früher zur Arbeiterklasse gehörten, nach dem Zerfall dieser Lebensform sowie dem massiven Eintritt der Frauen ins Erwerbsleben ein verändertes Milieu mit gleichwohl emotionaler Rückbindung an die Sozialdemokratie verkörperten.[50]

Giddens folgte Ulrich Beck, wenn er eine der Herausforderungen politischen Handelns darin erkannte, was dieser als »Subpolitik« bezeichnet hatte. Die Aufgabe des Staates müsse darin bestehen, das Wegdriften von politischer Meinungsbildung und Entscheidungswillen aus dem Parlament in die Gesellschaft aufzufangen. Bürgerinitiativen bildeten eine Erscheinungsform von »Demokratisierung der Demokratie«, sagte Giddens, und der Staat könne nicht umhin, die Öffentlichkeit verstärkt mit einzubeziehen. Hier wurde ein Kampfruf gegen den Grundsatz des Thatcherismus formuliert, daß in der Gesellschaft nur das Interesse des Einzelnen zähle und seine Entfaltung zu gewährleisten sei.[51] Der Kampfruf lautete: »›Gemeinschaft‹ ist grundlegend für die neue Politik.«[52]

Die Überzeugung, daß es sinnlos sei, sich der Transformationsdynamik von Globalisierung und Neoliberalismus entgegenzustellen und daß es gerade deshalb höchst notwendig sei, die politische Verpflichtung auf Solidarität und Gemeinschaft bewußt zu halten, kennzeichnete auch das Schröder-Blair-Papier vom Juni 1999, das deutlich auf den Vorstellungen von Giddens beruhte. Unter dem Titel »Der Weg nach vorne für Europas Sozialdemokraten« ging es hier darum, die »Neue Mitte«, die Schröders SPD für sich beanspruchte, und den »Dritten Weg« von Blairs New Labour in einer Art von transnationalem Parteiprogramm zu definieren.[53] Die Transnationalität des sozialdemokratischen Politikanspruchs, der, wie wir in Giddens' Schriften gerade eben beobachten konnten, auf eine Neubestimmung und Humanisierung des globalisierten neoliberalen Musters der bisherigen »neokonservativen« Politik zielte, spiegelte politische Notwendigkeiten in den späten 1990er Jahren und bediente die aktuelle Zeitstimmung. Globalisierung, Marktliberalismus und Transnationalität begannen zu verschmelzen.

Von der »Struktur« zum »Netzwerk«: Die Informationsgesellschaft im digitalen Finanzmarkt-Kapitalismus

Die Vorschläge für einen »dritten Weg« geben den Blick frei auf die historisch jüngste Zeitspanne unserer Umbruchphase. Die großen Verschiebungen in Wirtschaft, Gesellschaft, Kultur und Politik waren inzwischen vollzogen. Ein erstes Ordnungsmodell für die neue Zeit lag seit den 1980er Jahren vor. Das war die Idee der radikalen Marktfreiheit als Ideologie (Hayek) und als Praxis (Thatcher). Dagegen hatte Giddens seine Theorie des »Dritten Wegs« entwickelt. Die mikroelektronische Revolution als Triebkraft des Wandels nahm er dagegen höchstens am Rande zur Kenntnis. In dieser Hinsicht erwies er sich als europäischer Intellektueller, der das Ende des alten Produktionsregimes und die Entriegelung der materiellen wie ideellen Rahmenbedingungen hautnah erlebte, während die Heraufkunft des Informationszeitalters weiter entfernt, im virtuellen Raum, vonstatten ging. Aber auch dies war ganz gegenwärtig. Zum Zeitpunkt der Theorie vom »Dritten Weg« befand sich die These von der »virtuellen Realität« oder »realen Virtualität« längst in der Diskussion.

Bisher haben in den sozialwissenschaftlichen Diagnosen des Wandels wichtige Studien eine Rolle gespielt, die sich mit unterschiedlichen Einflußfaktoren im und auf den Strukturbruch befassen, jedoch einen bestimmten Faktor wie selbstverständlich mitlaufen lassen oder eher nebenbei erwähnen. Das betrifft die Informationstechnologie bis zur Entstehung des Internet, und es betrifft die Herausbildung eines neuen technisch-ökonomischen Systems, das der einflußreiche Analytiker des Informationszeitalters Manuel Castells als »informationellen Kapitalismus« bezeichnet.[54] Der Soziologe Castells analysiert die informationelle Revolution und ihre Bedeutung für kapitalistische Neustrukturierung nach dem Ende des großen Booms und dem Zerfall des keynesianischen Wachstumsmodells.[55]

Castells wurde 1942 in Spanien geboren und floh 1958 vor der Franco-Diktatur nach Paris. Von dort ging er 1979 nach Berkeley, Kalifornien. Während in Frankreich sein Arbeitsgebiet die Stadtsoziologie mit einem Schwerpunkt auf den *banlieues*, den Vorstadtsiedlungen, sowie der Zuwanderung aus den ehemaligen französischen Kolonien und der Benachteiligung der Migrantenkinder im gesamten Spektrum der Schulausbildung und des Wissenserwerbs bildete, kam er in Kalifornien mit den heterogenen Einflüssen aus studentischer Subkultur, wissenschaftlicher Forschung und staatlicher Förderung im Bereich der Informationstechnologie in Berührung. In Castells' Theorie der Informationsgesellschaft spielen nicht ohne Grund die drei Kategorien Wissen, Informationalismus und informationeller Kapitalismus eine herausragende Rolle.[56]

Vielfach etwas unscharf gefaßt, steht Castells' Analyse einer weitgespannten Rezeption offen, weil in der andauernden Veränderung und Weiterentwicklung von Internet, Wirtschaft und Gesellschaft die Begriffe anpassungsfähig akzentuiert werden können. Castells spricht von der Netzwerkgesellschaft und bietet damit eine doppelte Semantik an. Denn zum einen verbindet der Leser bei einem Buch, dessen Gegenstand die Gesellschaft im Zeitalter des Internet ist, mit dem »Netzwerk« zunächst die technischen Gegebenheiten und sozialen Auswirkungen informationeller Vernetzung. Zum andern aber wird hier auf die soziologische Netzwerkanalyse angespielt, welche die Muster sozialer Beziehungen zwischen Akteuren untersucht.[57] Beiden Sichtweisen ist jedoch eine Abgrenzung implizit, welche die Konzentration von Castells' Analyse auf die Entwicklung ausschließlich nach dem Strukturbruch erkennbar macht. Die Gesellschaft wird fast durchgängig, hier wie dort, als Netzwerk betrachtet und nicht länger als festgefügte Struktur. Die Gesellschaft als Ganzes und eine darauf bezogene *Gesamt*politik wird bei Castells nicht mehr mitgedacht. Dezidiert vertritt er die These, die technologischen Umbrüche der digitalen Information hätten einen Formwandel des Kapitalismus und aller von ihm erfaßten Gesellschaften ausgelöst. Seine Konzeption steht dennoch in einem Horizont, der nicht in die Zeit hinter dem Strukturbruch der mittleren 1970er Jahre zurückreicht. Die Gesellschaft in den Industrieländern wird als eine »Matrix wahrgenommen, die aus zufälligen Verbindungen und Trennungen sowie aus einer im Prinzip unendlichen Fülle möglicher Permutationen besteht.«[58] Dies vorausgesetzt, kann aber in der insgesamt hochgradig fluiden Gesamtsituation der gesellschaftlichen und wirtschaftlichen Gegebenheiten ein weltweit gültiger analytischer Anspruch formuliert werden. Mit seinem Werk intendiere er, sagt Castells, »einige Elemente einer explorativen, interkulturellen Theorie der Wirtschaft und Gesellschaft des

Informationszeitalters *speziell im Hinblick auf die Entwicklung einer neuen Gesellschaftsstruktur* vorzuschlagen.«[59]

Castells beobachtet und beschreibt die informationstechnische Revolution als technologische Grundlage aller weiteren Veränderungen. Das sei zunächst die allmähliche Entstehung einer »neuen Wirtschaftsform«, deren Merkmale Informationalismus, Globalisierung und Vernetzung seien.[60] Die politische Ökonomie der Globalisierung sei in den 1990er Jahren entstanden. Sie wird aus amerikanischer Sicht ausführlich beschrieben und läßt die Clinton-Regierung (1992-2000) als den »eigentlichen politischen Globalisierer« erscheinen. Im internationalen Vergleich geraten die westeuropäischen Industrieländer in Rückstand. Ganz im Gegensatz dazu steht der neue Typ von »Netzwerk-Unternehmen« insbesondere in Japan und Fernost mit einer gänzlich anderen Unternehmenskultur und Organisation der »informationellen Ökonomie«, deren sozialökonomische und sozialkulturelle Rückwirkungen eingehend erörtert werden.[61] Die Transformation der Beschäftigungsstruktur wirft Fragen an die Zukunft der Arbeitsgesellschaft auf,[62] welche die Probleme der Flexibilisierung von Arbeit, Individualisierung, Globalität und Identität hervortreten lassen. Die »Kultur der realen Virtualität« als Kennzeichen nicht nur der Massenmedien, sondern auch als neuer Prägefaktor für soziales Verhalten und Alltagsgestaltung[63] führt zu Reflexionen über die Verflüssigung von Strukturen und die Veränderung von Zeitbewußtsein, die nachfolgende Autoren dann mit einer strengeren Systematik untersucht haben.

Castells' Analyse der Netzwerkgesellschaft im ersten Band der Trilogie über das Informationszeitalter wird im zweiten Band mit kultursoziologischen Betrachtungen über »Identität« fortgesetzt, die angesichts der Auflösung von politischer und sozialer *Struktur* jetzt einerseits im Transzendenten und Okkulten gesucht wird und andererseits nach der Neubestimmung vormals gültiger Ordnungsmuster wie Familie, Gemeinschaft und Staat verlange.[64] Auch diesen Text wird der Historiker als Quelle lesen, um einen Eindruck zu gewinnen, wie ein Pionier der soziologischen Interpretation der informationstechnischen Revolution in den 1990er Jahren den beschleunigten Wandel wahrgenommen hat. Das gilt um so mehr für den dritten Band über die »Jahrtausendwende«, wo die Ergebnisse der empirischen Analyse aus dem ersten Band mit den Auswirkungen auf die Sowjetunion, auf Ressourcenvergeudung und Entwicklungspolitik der Industrieländer zumal in Afrika und Südamerika (»Entstehung der Vierten Welt«), der Ausbreitung informationeller Wirtschaftskriminalität und der Umgestaltung der Pazifikregion in Beziehung gesetzt werden.[65]

1995 wurde das *world wide web* geschaffen. Damals entstand die Kommunikations-, Arbeits- und Freizeitwelt im virtuellen Raum, die längst zur Selbstverständlichkeit geworden ist. Man muß sich diese schnelle Entwicklung vor Augen halten, um die Analyse durch Castells primär als Zeitdokument auffassen zu können. Der Reichtum an Sachinformation bleibt davon ganz unberührt. In dieser Hinsicht bildet Castells' »Informationszeitalter« ein Standardwerk der wissenschaftlichen Literatur. Aber die Nähe zu den Problemen sowie die Herausforderung, Sachverhalte sozialwissenschaftlich zu klassifizieren, die eben erst sichtbar wurden und für die es noch keine etablierten Standards der Klassifikation gab, führten unausweichlich zu einer unscharfen Begrifflichkeit. Die fachwissenschaftliche Kritik warf Castells mangelnde Präzision und begriffliche Schwammigkeit vor. »Netzwerk«, »Identität« und »Fundamentalismus« wurden genannt.[66] In der zeithistorischen Diskussion können sie deshalb nur mit Vorsicht verwendet werden.

Dennoch gilt: Als Anthony Giddens über die Folgen des Neoliberalismus in der Wirtschaft auf die politische Grundkonfiguration in europäischen Gesellschaften nachdachte und Ulrich Beck mit seinen britischen Kollegen über den Erkenntniswert der Theorie der reflexiven Modernisierung diskutierte, hatte Castells die andere Wirkung des Strukturbruchs in all seiner revolutionären Qualität in den Blick genommen – die explosionshafte Durchsetzung der Informationstechnologie. Castells verkoppelte Entstehungsgeschichte und aktuelle Bedeutung der neuen Technologie mit dem neuen ökonomischen Ordnungsmodell der radikalen Freiheit des Marktes von jedem »Konsens«. Die These vom *informationellen Kapitalismus*, die sich daraus ergab, war stimmig. Wir nehmen sie mit unserer Formulierung *digitaler Finanzmarkt-Kapitalismus* auf, die in der deutschen Sprache semantisch mehr Klarheit verspricht. Sie ergänzte sich paßgenau mit der Debatte über den »Dritten Weg« nach dem Wegfall des Links-Rechts-Gegensatzes.

Wo sich *sowohl* konservative *als auch* sozialdemokratische Parteien die Rhetorik und Ordnungsideologie von »Neoliberalismus« und »Globalisierung« – mithin die Kategorien des digitalen

Finanzmarkt-Kapitalismus – *simultan* zu eigen machten und in Regierungshandeln umsetzten, da hatte ein *Paradigmenwechsel der Moderne* stattgefunden. Die wirtschaftliche, soziale, politische und kulturelle Grundstruktur der Industriemoderne, die Dichotomie von Links und Rechts, von Proletariat und Bourgeoisie, war vergangen und vorbei. Sozialwissenschaftliche Diagnosen waren nichts anderes als Annäherungen aus je unterschiedlichen Perspektiven an Erscheinungsformen des Wandels. Als das Regiment des digitalen Finanzmarkt-Kapitalismus manifest geworden war, stellte sich zuletzt die Frage nach dessen Wirkung. Eine Antwort darauf sind zum einen die vielfältigen Theorien der Globalisierung, zum andern die Theorien des neuen Finanzmarkt-Kapitalismus mit seinen veränderten Kräfteverhältnissen zwischen Industrieunternehmen, Finanzfonds und Aktienbesitzern. Damit indessen verlassen wir das Gelände der *gegenwartsnahen* Zeitgeschichte und betreten das der aktuellen sozialwissenschaftlichen Analyse *gegenwärtiger* Zustände. Hier begegnen wir analytischen Modellen, die sich vorerst der zeithistorischen Klassifizierung entziehen.

Beschleunigung, Flexibilität und flüchtige Moderne

1992 sprach der Philosoph Hermann Lübbe von »Gegenwartsschrumpfung«, zehn Jahre später war daraus ein geflügeltes Wort geworden.[67] Lübbe hatte beobachtet, daß unter den veränderten Lebensbedingungen infolge der »wachsenden Dynamik zivilisatorischer Evolution« die Fristen immer kürzer wurden, »über die uns im Rückblick vergangene Zeiten als fremd gewordene Vergangenheiten erscheinen«.[68] Darin kam die Wahrnehmung zum Ausdruck, daß vertraute Orte, Straßen und Wege, aber auch technische Selbstverständlichkeiten im Alltag immer schneller umgebaut und abgeräumt wurden. Die Welt des alten Industriesystems verschwand mit atemverschlagender Geschwindigkeit. Die jungen Erwachsenen, die 1990 etwa 30 Jahre alt waren, fanden die Zugehplätze ihrer Kindheit immer häufiger nicht mehr wieder oder fanden sie derart verändert vor, daß keinerlei Erinnerung daran haften konnte.

Zehn Jahre später war dieses von Nostalgie durchsäuerte Empfinden, wonach die selbst erlebte Geschichte unerreichbar in der Vergangenheit verschwand, bereits abgelöst worden von dem bedrängenden Gefühl, keine Zukunft erkennen zu können. Hier erst entpuppte sich die soziale und sozialpsychologische Brisanz von Gegenwartsschrumpfung. Wir erinnern uns: Die Eltern eines jungen Erwachsenen, der 1990 etwa 30 Jahre alt war, besaßen als Industriearbeiter und Büroangestellte eines großen, traditionellen Industrieunternehmens ihren Arbeitsplatz vom Berufseinstieg bis zur Rente. Das war die Welt im Dreieck von Fabrik, Familie, Feierabend, die Helmut Klages als »Daseinskargheit« bezeichnete. Der Arbeitsplatz war sicher, solange keine große Wirtschaftskrise kam. Die Eheleute taten ihre Arbeit mit den Fähigkeiten, die sie in der Schule und Lehre erworben hatten. Nach der Hochzeit, wenn die Kinder kamen, ging es darum, sie so großzuziehen und in Ausbildung zu bringen, daß sie es »einmal besser haben« würden. Das war die Gegenwart im Alltagsleben der Familie. Nachdem die Kinder aus dem Haus waren, bestand die Gegenwart des Ehepaars darin, die verbleibenden Berufsjahre in möglichster Gesundheit durchzustehen und Pläne zu schmieden für die Zeit »in Rente«. Beide Gegenwarten waren lang – jeweils vielleicht zwanzig Jahre oder mehr. Der junge Erwachsene aber, der 1990 mit einer sehr guten Ausbildung in der Informationstechnologie einen Arbeitsplatz fand, mußte im Verlauf der nächsten zehn, fünfzehn Jahre die Erfahrung machen, daß es für ihn keine »lange Gegenwart« gab.

Die geschrumpfte Gegenwart umfaßte nur jene Zeit, die erkennbar vor den Menschen lag. Es ging nicht um die Jahre »bis zur Rente«. Die Gegenwart bestand aus den Tagen, Monaten oder Jahren, wo das Einkommen gesichert, der Wohnort gewiß und die Lebensumstände absehbar waren. Das konnte morgen vorbei sein oder in sechs Monaten oder auch in vielen Jahren. Zukunftspläne zu schmieden, war nicht leicht. Besser war es, sie zu erträumen. So lag es nahe, in einer Gegenwart ohne Dauer und Sicherheit und einer Zukunft voller Ungewißheit nach dem Sinn des Lebens zu suchen – ganz für sich selbst, ganz individuell, vielleicht in einer relativ anonymen Gruppe auf der Suche nach Spiritualität, vielleicht abends zu Hause vor dem Bildschirm im virtuellen Raum.

Lübbes »Gegenwartsschrumpfung« umschrieb das, was Paul Virilio zur selben Zeit als »rasenden Stillstand« bezeichnete.[69] An der Wende zum 21. Jahrhundert wurde das Problem der Beschleunigung, Flexibilität und Flüchtigkeit zum Gegenstand systematischer sozialwissenschaftlicher Forschung. Soziologen wie Richard

Sennett oder Hartmut Rosa setzten sich mit den Paradoxien von Zeiterfahrung auseinander.[70] Der Sozialphilosoph Zygmunt Bauman steuerte Thesen zur »Flüchtigkeit« der Moderne bei.[71] In allen Texten ist es indessen mit der soziologischen Beschreibung von Sachverhalten nicht getan. Die eigentliche Herausforderung liegt darin, die sozialpsychologischen Wirkungen angemessen zu erfassen. Läßt sich das Beispiel unseres Singles, eine fiktive Geschichte, verallgemeinern? Ist Richard Sennetts Bericht über seine Gespräche mit Enrico und dessen Sohn Rico repräsentativ, die er unter die Überschrift gestellt hat: »Wie persönliche Erfahrung in der modernen Arbeitswelt zerfällt«?[72]

Alle Autoren arbeiten teils mit beschreibenden, teils mit wertenden Begriffen. Die Übergänge sind fließend. Zur ersten Kategorie lassen sich Beschleunigung, Flüchtigkeit, zeitlose Zeit, Flexibilität zählen. Wohin aber gehört »Angst«? Zur zweiten Kategorie ist die Kennzeichnung von Flexibilität als Zerstörung des Gemeinschaftsbewußtseins zu zählen, ebenso die Entriegelung des »sozialen Kapitalismus« (Sennett), der bei Bauman als »schwere Moderne« figuriert und das traditionelle Industriesystem in seiner konsensualen Ordnungsform meint, oder auch der Mangel an individueller Freiheit im System der radikalen Wirtschaftsfreiheit. Schließlich wird wertend beobachtet, daß Beschleunigung, Flexibilität und der flüchtige Charakter der Zeiten zu Gesetzlosigkeit führe, zu einem gesamtgesellschaftlichen Zustand der Anomie. Im Verlust der Struktur, des Rahmens oder »Gehäuses« (wie unter Bezug auf Max Weber gesagt wird) greift das Regelwerk der Gesetze ins Leere. Wir beobachten hier eine durchaus skeptische, wo nicht kulturpessimistische Sicht der Dinge, die damit zusammenhängen dürfte, daß die sozialwissenschaftlichen Studien zu Zeiterfahrung und Beschleunigung bereits auf einer 20-jährigen Entwicklung der reflexiven Moderne und des digitalen Finanzmarkt-Kapitalismus aufruhen, weshalb die sozialen Kosten des Wandels *nach* dem Strukturbruch hier in den Blick kommen, aber nicht mehr die Kosten des Strukturbruchs selbst.

Hartmut Rosa bemüht sich um eine »Phänomenologie der Beschleunigung«, die auf den Wandel von Zeitstrukturen »in der Moderne« gerichtet ist. Deutlich streicht er heraus, daß das »Wegrutschen« von stabilem Boden[73] durch immer weiter beschleunigten sozialen Wandel eine »Zunahme der Kontingenzen« nach sich ziehe. Eben diese Erfahrung von Gegenwartsschrumpfung und des Verlusts einer Zukunftsperspektive – Rosa spricht an einer Stelle vom Verlust von *Hoffnung*[74] – mache die »Paradoxien der Zeiterfahrung« aus.[75] Denn immerhin bedeutet die Beschleunigung des »Tempos des Lebens« für die Nutznießer der Transformation durchaus Vorteil, Gewinn und erweiterten Spielraum bis hin zum Privileg der »Entschleunigung«, welche die erfolgreichsten Aktivisten im System des digitalen Kapitalismus dann als Statussymbol in Form von Fastenwochen in abgelegenen *Resorts* oder Exerzitien in der Stille eines Klosters inszenieren.[76] Gleichwohl ist es Rosa um den Nachweis zu tun, daß in der aktuellen Epoche »zeitloser Zeit« durchaus Bereiche zu benennen sind, die – wie die natürlichen Geschwindigkeitsgrenzen – sich der Dynamisierung entziehen. Aber die Diagnose läuft dennoch darauf hinaus, daß die quantitative Steigerung von Geschwindigkeit zu qualitativen Umschlägen der Zeiterfahrung führen kann.[77] Und dazu zählt der für jeden Einzelmenschen so wichtige Erfahrungs- und Zeithorizont der Familienbindung, die zuerst vom Modell der drei Generationen – Kinder, Eltern, Großeltern – geprägt war, bevor infolge von generationaler Veränderungsgeschwindigkeit die Zeithorizonte von Eltern und Kindern auseinander treten und schließlich der intragenerationale soziale Wandel dazu führt, daß an die Stelle des Lebenspartners der Lebensabschnittspartner tritt.

Richard Sennett versucht, das Problem der beschleunigten Zeit über eine Beschreibung des Zwangs zur Flexibilität in den Griff zu bekommen.[78] Dieser Zwang, dem Arbeitnehmer im digitalen Finanzmarkt-Kapitalismus ausgesetzt seien, nehme den Menschen am unteren Rand der Gesellschaft die einzige Ressource weg, die ihnen ausreichend und berechenbar zur Verfügung stand: Zeit. Die Auflösung der Zeitökonomie eines in feste Strukturen eingebundenen Arbeitslebens erzeuge bei den Betroffenen Angst, die Kontrolle über das Leben zu verlieren. Diese Angst sei in die »neue Arbeitsgeschichte« eingebaut. Es sei die Angst davor, daß die Kontrolle über das Gefühlsleben verloren geht und Freundschaft, Bindung, Zuneigung der Flüchtigkeit des flexiblen Lebensstils zum Opfer falle.[79] Sennett betont, daß die »Ursache dieses Hungers nach Veränderung« in der Dynamik des »ungeduldigen Kapitals« und dem Wunsch nach rascher Rendite zu suchen sei.[80] In der Tat wandern seit den 1980er Jahren immer weiter angewachsene, gigantische

Kapitalströme um den Globus, die danach suchen, investiert zu werden und Gewinn zu erbringen. Privatisierungsdruck und Beschleunigung stehen in einem engen Zusammenhang. Es ist eine der wichtigsten Kausalitätsbeziehungen im digitalen Finanzmarkt-Kapitalismus.

Die sozialpsychologischen Wirkungen des beschleunigten Gewinnstrebens und des dauernden Drucks zu materiellen und kommerziellen Veränderungen wertet Sennett eindeutig negativ. Das Motto »nichts Langfristiges« sei ein »verhängnisvolles Rezept«, weil es die Entwicklung von Vertrauen, Loyalität und gegenseitiger Verpflichtung behindere, ja unterbinde. Das führt ihn zu der schneidend pessimistischen Aussage: »Es ist die Zeitdimension des neuen Kapitalismus, mehr als die High-Tech-Daten oder der globale Markt, die das Gefühlsleben der Menschen außerhalb des Arbeitsplatzes am meisten berührt.«[81]

Wie Zygmunt Bauman argumentiert Sennett vor dem Hintergrund marxistischer Überzeugungen in früheren Phasen seines Lebens. Das ist unüberhörbar. Die Beschreibungen beider Autoren kreisen indes nicht allein um das Problem von Flexibilität und zeitloser Zeit, die Bauman mit dem Attribut des »Flüchtigen« bezeichnet, sondern es geht ihnen auch um die Frage nach der Selbstbestimmung des Menschen. Immerhin beruht die Gesellschaftstheorie des Neoliberalismus auf der Grundannahme, daß »Konsens« mit Sozialismus verkoppelt sei und der Sozialismus die Selbstentfaltung des Individuums unterbinde. Bauman hebt hervor, daß die Auflösung des Konsenses durch die Protagonisten der Marktfreiheit zu Individualisierung geführt habe, diese aber mitnichten Freiheit mit sich bringe, weil sie nicht frei gewählt sein könne.[82] Als Soziologe der Postmoderne akzentuiert er lediglich mit anderen Worten den Sachverhalt, der auch für Sennett unabweisbar erscheint: Flexibilisierung und Beschleunigung machen den Einzelnen zum Objekt. Individualisierung sei ein Schicksal, sie sei nicht frei gewählt. »Im Reich der individuellen Wahlfreiheit steht die Alternative, sich an diesem Spiel nicht zu beteiligen, ausdrücklich *nicht* auf der Tagesordnung.« Die Ideologie der Freiheit, die von den »Evangelisten des Marktes«[83] verkündet wurde, sei für den einzelnen Menschen bloße Fiktion. Sennett vermerkt kurz und bündig, daß der digitale Finanzmarkt-Kapitalismus »den Menschen keine Freiheit gebracht« hat.[84]

Hier wird die zeithistorische Forschung ansetzen. Sie beobachtet in der sozialwissenschaftlichen Diskussion über Beschleunigung und Flexibilität, ähnlich wie in der Urteilsbildung über den digitalen Finanzmarkt-Kapitalismus, einen weitgehenden Verzicht, den historischen Verlauf – die Kategorie der Entwicklung – in die Beschreibung sozialer Probleme einzubeziehen. Bei Castells fiel ins Auge, daß die Geschichte des großen Booms in seinen Überlegungen keine Rolle mehr spielt, und in den Reflexionen über den Wandel des Zeitempfindens werden höchstens die Unterschiede angesprochen, die diesbezüglich zwischen den Generationen festzustellen sind. Für die Geschichtswissenschaft besteht die Herausforderung darin, den Rückgang geschichtlichen Bewußtseins in den 1980er Jahren zum Gegenstand der Analyse zu machen. Nach 1980 verschwand der »Fortschritt« aus der öffentlichen Sprache. Der Verlaufsbegriff »Modernisierung« wurde mit dem Zustandsbegriff »Moderne« gewissermaßen stillgestellt. Hier gilt es, den Widerspruch historisch zu erklären, daß in einer Zeit immer schnelleren Wandels die Kategorie des Verlaufs aus dem öffentlichen Diskurs weitgehend verschwindet. Hat das damit zu tun, daß die Menschen sich der Wahrnehmung des Wandels verschließen, je schneller er verläuft? Oder erscheint das Nachdenken über Veränderung als Verlauf und Geschichte überflüssig, weil die Entwicklung seit langem dynamisch und quasi naturwüchsig weiterläuft, so daß ein Nachdenken über das Vergangene ganz überflüssig zu sein scheint? Um Antworten auf diese Fragen zu finden, muß es darum gehen, Arbeitsfelder für erste Probebohrungen zu erschließen, die es erlauben, geschichtswissenschaftlich weiterführende Thesen zu formulieren.

Kapitel 3
Zeithistorische Perspektiven

Die im vorigen Kapitel diskutierten Sozialwissenschaftler und Sozialphilosophen waren sensible Beobachter der Veränderungen, welche die scheinbar so stabilen Verhältnisse seit den 1960er Jahren durcheinanderwirbelten. Sie verstanden sich, wie wir sahen, teils mehr, teils weniger auch als Trendprognostiker und Auguren zukünftiger Ordnungsentwürfe. Das hat einige dieser Bücher schneller altern lassen, als es ihren Anhängern in Politik und Wissenschaft lieb sein konnte. Die revolutionäre Dynamik des Wandels hat nicht nachgelassen, aber die Richtungsangaben erwiesen sich als vorläufig.

Welche Aufgabe stellt sich uns Zeithistorikern, wenn wir die Beschreibungen und Selbstdeutungen der Zeitgenossen zur Kenntnis genommen, ihre wissenschaftlichen, politischen und sozialen Umstände interpretiert und damit die sozialwissenschaftliche Expertise der Jahre nach dem Boom bereits ein wenig historisiert haben? Kehrt die Zeitgeschichte zu den ihr vertrauten Quellen zurück? Sieht sie ihre Hauptaufgabe darin, die politische Verwaltung dieser Umbrüche – von Steuerung zu sprechen, verbietet uns die Einsicht in die (relative) Vergeblichkeit der großen Planungs- und Steuerungskonzepte der späten 1960er und frühen 1970er Jahre – sorgfältig zu rekonstruieren? Bislang liefert die zeitgeschichtliche Forschung über diese Epoche vornehmlich Beiträge zum genaueren Verständnis der auswärtigen und inneren, der großen und kleinen Politik. Eine deutliche Orientierung an Parteien und Regierungshandeln charakterisiert nach wie vor die gegenwartsnahe Zeitgeschichtsforschung in allen westeuropäischen Ländern. Indem wir versuchen, den untergründigen Verbindungen zwischen gesellschaftlichen, kulturellen, religiösen und politischen Tendenzen auf die Spur zu kommen, um den Zusammenhang der Epoche oder, vorsichtiger formuliert, des Zeitabschnitts zu erfassen, müssen wir die primär politikgeschichtliche Perspektive verlassen, ohne jedoch die Politik selbst zu ignorieren. Das gilt gleichermaßen auch für die anderen sektoralen Betrachtungsweisen der Sozial-, Kultur-, Wirtschafts- oder Wissenschaftsgeschichte.

Zeitgeschichte als »histoire totale«

Wir gehen von der Arbeitshypothese aus, daß Strukturbruch und revolutionärer Wandel nicht von einem einzigen Punkt, gewissermaßen von einem Epizentrum her, analysiert werden können. Wir stehen deshalb vor der Aufgabe, die Querverbindungen und Wechselwirkungen zwischen den funktional getrennten Bereichen von Politik, Ökonomie, Bildung und Wissenschaft oder Religion in den Blick zu nehmen.

Erliegen wir also wieder einmal dem alten Historikertraum einer »histoire totale«? Ja und Nein. Ja, wenn es darum geht, der zeitgeschichtlichen Spezialforschung einen gedanklichen Bezugsrahmen zu geben, der hinreichend groß ist, um das komplexe Tableau der widerstreitenden Zeittendenzen aufzunehmen. Nein, denn eine »histoire totale« ist nicht in der schlichten Form einer Gesamtschau, eines breiten Panoramas vermeintlich aller Aspekte zu haben.

Vielmehr ist es uns darum zu tun, die Aufmerksamkeiten auf Schnittstellen und Wechselwirkungen zwischen den getrennten Forschungsgebieten, aber auch zwischen unterschiedlichen Lebenssphären und funktional differenzierten Sektoren zu richten. Wir orientieren uns an einer Anregung des Ethnologen Marcel Mauss vom Anfang des 20. Jahrhunderts.[1] Statt die Forschungen der neuen Sozial- und Geschichtswissenschaften entlang etablierter Grenzlinien von Institutionen (oder Subsystemen wie zum Beispiel Wirtschaft, Religion oder Bildung) zu organisieren, gelte es, jene »totalen sozialen Tatsachen« (»faits sociaux totaux«) in den Blick zu nehmen, in denen sich wie in Knotenpunkten der Zusammenhang zwischen den einzelnen Bereichen und deren Entwicklungen beobachten lasse. Solche Dreh- und Angelpunkte des zeithistorischen Wandels ausfindig zu machen und miteinander zu verknüpfen, ist in der regulativen Idee des »Zusammenhangs« oder der »histoire totale« ausgedrückt.

Die Zeitgeschichte wird nicht umhin können, ein eigenständiges Konzept zu entwickeln, mit dem sich die Komplexität ihres Gegenstands erfassen läßt. Die schlichte Kopie der Konzepte von Zeitdiagnostikern und die Übernahme sozialwissenschaftlicher Großdeutungen, das hat das vorige Kapitel gezeigt, reichen nicht aus, weil wir uns dann entweder nur auf ein theoretisches Angebot wie etwa »reflexive Modernisierung« beziehen können oder aber den jeweiligen Gesamttext als zeitgenössische Quelle zu lesen haben.

Die Partialität der auf Gegenwartsdiagnose und Zukunftsprognose gerichteten Entwürfe führt notwendig dazu, daß sie die historische Wirklichkeit nur zur Hälfte erfassen, denn die Vergangenheit kommt bei ihnen nicht vor. Doch in der historischen Wirklichkeit ist das Gestern immer präsent, und gleichermaßen sind es die unterschiedlichen Möglichkeiten des Morgen.

Die Zeitgeschichte muß stets auch die Gegentendenzen zur Dynamik des Wandels nach dem Boom angemessen erfassen. Weite Bereiche des Sozialstaats oder die Welt des öffentlichen Dienstes blieben von Kontinuität geprägt. Bestimmte Alterskohorten erlebten den revolutionären Wandel oder Strukturbruch gewissermaßen nur als Zuschauer und konnten sich der Illusion hingeben, daß Veränderungen sie eigentlich nicht betrafen. In der privaten Wirtschaft oder im Bildungswesen blieben die Aufbrüche der 1960er Jahre, die an die Erfahrung kalkulierbarer Reformschritte gebunden waren, noch lange Zeit prägend. Ungewißheit und Widersprüchlichkeit gehören ganz wesentlich zum Gesamtbild des dynamischen Geschehens, dessen Entwicklungsrichtung hin zu einer anderen, neuen Gesellschaft gleichwohl von Jahrfünft zu Jahrfünft immer deutlicher zu erkennen ist.

Als historische Teildisziplin, die die Genese gegenwärtiger Problemlagen untersucht, hat die Zeitgeschichte indes gleichermaßen der Tatsache Rechnung zu tragen, daß zahlreiche Phänomene sozialwissenschaftlich längst dokumentiert worden sind. Diese »Sozialdaten« zu prüfen und für die historische Forschung fruchtbar zu machen, stellt eine methodische Herausforderung der Geschichtswissenschaft dar.

In diesem Verständnis skizzieren die nachfolgenden Überlegungen Entwürfe künftiger Forschungsfelder. Sie beschreiben Projekte und Kooperationen zeithistorischer Forschungsarbeit. Darüber hinaus bündeln sie unser Plädoyer, methodische und theoretische Scheuklappen bei der Suche nach Knotenpunkten abzulegen. Wir beobachten, daß Veränderungen in den verschiedenen Segmenten der Gesellschaft bei weitem nicht deutlich genug verkoppelt sind, um ein einheitliches Szenario abzubilden, ganz im Gegenteil. Verknüpfungen des Wandels in der Wirtschaft, dem Bildungsbereich, der Sozialpolitik oder der sozialwissenschaftlichen Zeitdiagnose erweisen sich als unterschiedlich eng und überdies von Land zu Land in Europa verschieden.

Etablierte Forschungsfelder

Welche Sachthemen sind zur Beobachtung besonders geeignet und können als Knotenpunkte der epochalen Umbrüche gelten? Welche Forschungsfelder haben sich bereits etabliert und erschließen Schlüsselthemen der Zeitgeschichte? Von sozialwissenschaftlicher und zeithistorischer Seite sind insbesondere drei Aspekte der Geschichte Westeuropas vergleichend erforscht worden. Das betrifft den Ausbau und später den Umbau der wohlfahrtsstaatlichen Sicherungssysteme; sodann die sozialen Folgen der ökonomischen Umbrüche mit den Stichworten soziale Polarisierung, neue Armut und Exklusion; aber das größte Gewicht kommt zweifellos den Themen der politischen Geschichte zu, von der Europäischen Einigung über den Terrorismus der 1970er Jahre bis zu Fragen der Ausdehnung des Europagedankens. Damit wollen wir beginnen.

1. Die vergleichende Politikgeschichte Westeuropas seit den 1960er Jahren

Wir haben betont, daß die Politikgeschichte der blühendste Zweig zeitgeschichtlicher Forschung zu gegenwartsnahen Entwicklungen sei. Im Mittelpunkt der meisten Arbeiten stehen nationale Ereignisse, Personen und Zusammenhänge. Es liegt nahe, daß sich die zeitlichen Koordinaten dieser Studien zumeist nach den Zäsuren der nationalen Politikfelder richten. Sie folgen den Kabinettswechseln und den Amtsperioden von Präsidenten oder Regierungschefs. Bereits ein kurzer Blick auf das politische Tagesgeschehen in Großbritannien, Frankreich oder Italien zwischen 1968 und 1997 reicht aus, um die Vielfalt der Konstellationen zu erkennen, mit denen es eine solche vergleichende europäische Politikgeschichte zu tun hat. Alle neueren Gesamtdarstellungen der europäischen Geschichte nach dem Zweiten Weltkrieg haben dementsprechend der politischen Geschichte der einzelnen Länder und dem Wechselspiel der unterschiedlichen nationalen Konstellationen in den westeuropäischen Ländern besondere Aufmerksamkeit gewidmet.[2]

Ergänzt wird diese klassische Politikgeschichte der Nationalstaaten durch die Historiographie zur europäischen Union und zum politischen Integrationsprozeß seit der ersten Erweiterung 1972. Als Basis für die weiterführende Analyse sind Studien dieser Art überaus nützlich. Ansatzpunkte für die hier formulierten Fragen liefern sie jedoch nur in Ausnahmefällen. Die Studien von Fritz W. Scharpf und Wolfgang Merkel über sozialdemokratische Krisenpolitik in Europa mögen hier als Beispiel dienen.[3] Vergleichende historische Studien zum Strukturwandel der Parteien oder der politischen Kommunikation sind bisher noch recht selten. Die Anfänge machen parteienübergreifende oder zum Teil auch biographische Studien, wie weiter vorn sichtbar geworden sein dürfte.[4] Im übrigen liegen in der Regel zeitnahe politikwissenschaftliche Arbeiten vor, die aber die historische Dimension zumeist ausblenden.

Den Neuen sozialen Bewegungen galt bereits auf dem Höhepunkt ihrer Mobilisierungserfolge in Westeuropa das besondere, teilnehmend beobachtende Interesse von Politik- und Sozialwissenschaften. Das hat sich zu einer eigenständigen Forschungsrichtung verselbständigt und akademisiert – mit allen Konsequenzen – bis hin zur Erstarrung der Ansätze und Fragen. Immerhin sind Träger, Ideen und Aktionsformen dieser Form von politischer Partizipation sehr gut erforscht. Vor allem aber sind sie auf europäischer und internationaler Ebene bereits vergleichend analysiert worden.[5] Die zeithistorische Forschung hat bereits begonnen, auf breiterer Quellenbasis diesen Gegenstand zu historisieren.

Es fehlen nach wie vor Studien zur politischen Ideengeschichte, welche die Transformationen von Konservatismus, Christdemokratie, Liberalismus und Sozialdemokratie – um nur die großen europäischen Parteienfamilien zu nennen – für den Untersuchungszeitraum untersuchen. Allein der Neoliberalismus und der Thatcherismus sind Gegenstand eingehender Analysen geworden.[6]

2. Ausbau und Umbau der westeuropäischen Wohlfahrtsstaaten

Ein Spezialgebiet eigenen Rechts stellt die vergleichende europäische Sozialstaatsforschung dar. Ausgehend von der Politikwissenschaft hat sich dieser Forschungszweig seit den frühen 1980er Jahren kontinuierlich weiterentwickelt und gehört heute wohl zu den bestorganisierten und methodisch wie konzeptionell höchst elaborierten Sektoren sozial- oder geschichtswissenschaftlicher Forschung zur Zeitphase nach dem Boom.

Längst haben sich neben der auf der Makroebene der Staaten

ansetzenden quantitativ ausgerichteten Forschung historisch vergleichende und qualitativ typologische Ansätze etabliert. Parallel dazu wurde der Gegenstandsbereich ausgehend vom Sozialversicherungswesen immer mehr ausgeweitet bis hin zur Analyse der sozialen Dienste oder der Einstellungen gegenüber dem Sozialstaat und seiner Bewertung. Im Ergebnis liegt eine Fülle von vergleichenden Studien zu fast allen Aspekten von Sozialpolitik vor, so daß auf der Basis von statistischem Datenmaterial und publizierten Dokumenten die Grundtendenzen der Sozialpolitik bis an die Schwelle der Gegenwart für die meisten westeuropäischen Länder klar erkennbar sind.[7] Darin wird deutlich, daß die sozialstaatlichen Arrangements auch in den wirtschaftlichen Krisenszenarien der 1970er noch substantiell ausgebaut wurden und länderübergreifend erst seit den 1990er Jahren ein Kurswechsel zur Einschränkung oder sogar Umwandlung der sozialpolitischen Arrangements aus der Zeit vor 1973 zu beobachten ist. Das Großbritannien Margaret Thatchers stellte programmatisch (wenngleich mit deutlichen Abstrichen in der Realität) eine Ausnahme beziehungsweise einen radikalen Vorläufer für weniger doktrinäre neoliberale Umbaukonzeptionen dar.

Insgesamt kann für das Feld der Sozialstaatsforschung formuliert werden, daß hier eine Fülle empirischer Einzelergebnisse, aber auch von Gesamtanalysen und Deutungsentwürfen vorliegt, welche die Zeit seit den frühen 1970er Jahren als Problemgeschichte der sozialstaatlichen Umbrüche und Neuorientierungen in einer grundsätzlich vergleichenden europäischen Perspektive erschließen. Hans Günter Hockerts faßt die Hauptbefunde treffend in sechs Punkten zusammen. Erstens schrumpften die Verteilungsspielräume angesichts der neuen finanziellen und konjunkturellen Engpässe; sie schrumpften zweitens aufgrund der wachsenden internationalen Konkurrenz; drittens forderte das Altern der Bevölkerung seinen Tribut; viertens wurde die wachsende Arbeitslosigkeit zur Belastungsgrenze des Sozialstaats; fünftens verlangte der soziale Wandel der Familienstrukturen seinerseits mehr soziale Dienstleistungen; sechstens entstanden neue Armutsrisiken.[8] Wie auf kaum einem anderen Gebiet kann die zeithistorische Forschung in diesem Bereich auf einem breiten, hinsichtlich seiner empirischen Grundlagen und Methoden differenzierten Forschungsstand aufbauen.

3. Neue Armut und Krise des sozialen Zusammenhalts

In enger Verbindung mit den Forschungen zur Sozialpolitik stehen naturgemäß die Forschungen zur Entwicklung von Armut und Exklusion im westlichen Europa. Getragen von europäischen Forschungsprogrammen entwickelte sich eine europaweite Armutsforschung, die vergleichend angelegt ist. Sozialwissenschaftliche Experten lieferten in einer Serie von Untersuchungen ein anschauliches Bild vom Ausmaß der neuen Armut in den europäischen Nationen, welche sich parallel zu den ökonomischen Umbrüchen und in engem Wechselspiel mit den sozialpolitischen und arbeitsmarktpolitischen Reaktionen ausbreitete.[9] Für unsere Fragestellung ist die europäische Armutsforschung deshalb von Bedeutung, weil sie die Exklusionseffekte von Armut in den Mittelpunkt gerückt hat und auch deren Wirkungen auf Zusammenhalt und Selbstverständnis der westeuropäischen Gesellschaften untersucht. Der Aufschwung dieser Forschungsrichtung in den 1990er Jahren markiert in sich selbst eine wichtige Zäsur in der sozialwissenschaftlichen Selbstbeobachtung der westeuropäischen Länder. Die zahlreichen Forschungen haben ein differenziertes Bild von Armut und Exklusion in den verschiedenen westeuropäischen Ländern seit den 1980er Jahren hervorgebracht.

Drei Befunde sollen hier mit Blick auf weitere zeithistorische Studien hervorgehoben werden.[10] Während, erstens, in der Bundesrepublik Deutschland, der Schweiz oder den skandinavischen Ländern erst sehr spät die neuen Realitäten prekärer sozialer Lebenslagen wahrgenommen und öffentlich thematisiert wurden, etablierte sich in Frankreich und Großbritannien seit den 1980er Jahren eine breite öffentliche Aufmerksamkeit für »Armut« und »Exklusion«. Sie gelten als zwei Indikatoren für die Folgen der Umbrüche in Wirtschaft und Gesellschaft. Zweitens deuten die vergleichenden Armutsstudien darauf hin, daß sich national unterschiedliche kollektive Sichtweisen angesichts der neuen Armutsphänomene etabliert haben. Diese nationalen Wahrnehmungsmuster stehen offensichtlich in enger Verbindung mit unterschiedlichen Leitideen nationaler Solidarität. Die geringere Aufmerksamkeit für die neuen sozialpolitischen Problemlagen ging in Ländern wie der Bundesrepublik, der Schweiz oder Schweden einher mit einer Deutung, die solche Notlagen als randständig und die betroffenen Menschen noch als Randgruppen behandelte. Dagegen erschienen dieselben Lebenslagen in Ländern wie Frankreich oder Großbritannien bereits in den 1980er und verstärkt in den 1990er Jahren als Gefahr für den sozialen Zusammenhalt. Arbeitslosigkeit wurde als Auslöser sozialer Abwertung und Stigmatisierung dramatisiert – sowohl von den politischen Akteuren als auch den Betroffenen selbst. Drittens fühlten sich seit den 1990er Jahren immer mehr Bürger Westeuropas existentiell bedroht durch das Risiko des sozialen Absturzes in Arbeitslosigkeit und Armut.[11]

4. Begleiterscheinungen und Folgen der Arbeitsmigration in Westeuropa

Auch am Beispiel der Migration kann man die vielfältigen Wechselwirkungen studieren, welche der Umbruch seit den frühen 1970er Jahren mit sich brachte.[12] Ebenso dokumentiert die aktuelle Forschungslage die tiefgreifenden Veränderungen in der Wahrnehmung, die dieses zeitgenössische gesellschaftliche Phänomen im Zuge seiner wissenschaftlichen Erforschung durchlaufen hat. Seit den frühen 1970er Jahren zeichneten sich in den westeuropäischen Ländern die Folgen ab, welche die allseits geteilte »Illusion der Rückkehr« bei den Arbeitsmigranten und die improvisierte, uneingestandene Dauerexistenz einer wachsenden Zahl religiös, kulturell und sozial Fremder in den Industriezentren und Metropolen Westeuropas nach sich zog.[13] Daraufhin etablierte sich alsbald eine sozialwissenschaftliche Forschung, deren Hauptaugenmerk auf die negativen Folgen gerichtet war.[14] Sie versuchte den Auftrag zu erfüllen, die schweren »Sozialprobleme« dieser Entwicklung gedanklich einzugrenzen und dann sozialpolitisch zu bewältigen. Es ging um sozialpsychologische Anpassungshilfen, um schulische, familiäre oder städteplanerische Strategien zur Bewältigung eines Phänomens, das immer deutlicher von der Arbeitsmigration hin zur Einwanderung tendierte.

In unterschiedlichem Tempo emanzipierte sich in den Ländern Westeuropas die Migrationssoziologie aus diesem beschränkten Problemhorizont. Nun wurden die bis dahin unhinterfragten Referenzpunkte und Schlüsselbegriffe Assimilation und Integration dekonstruiert. Zahllose Studien der auf die Modernisierungstheorie fixierten empirischen Sozialforschung hatten sie bis dahin als selbstverständlich vorausgesetzt. Diese Arbeiten haben eine große Anzahl disparater Detailbefunde erbracht. Als Sekundärmaterial für die zeitgeschichtliche Forschung sind sie allerdings kaum nutzbar. Seit den 1980er Jahren etablierte sich ein neuer Forschungsstrang in der Politikwissenschaft, politischen Soziologie und Zeitgeschichte, der auf die politische Dimension des Phänomens zielte. Damit rückten Ausländerpolitik und Arbeitskräftepolitik in den Mittelpunkt, eng verbunden mit der Frage nach den Prinzipien der politischen Inklusion oder Exklusion von Fremden und Migranten in westeuropäischen Nationalgesellschaften.[15]

Der nächste Untersuchungsschwerpunkt hängt ganz eng mit dieser politikzentrierten Fragestellung zusammen. Das ist die Wiederbelebung und politische Karriere des Rassismus in Westeuropa seit den 1970er Jahren. Es fällt auf, daß alle drei Forschungsfelder aufs engste mit den von uns im 1. Kapitel beschriebenen Kontroversen um nationale Identitätspolitik verknüpft waren und weiterhin sind. Inzwischen kann diese Makroebene der politischen und ideologischen Rahmenbedingungen der Zuwanderung in die westeuropäischen Länder auch in vergleichender Perspektive als gut erforscht gelten. Die Geschichtswissenschaft selbst hat seit gut zehn Jahren begonnen, die Geschichte der Arbeitsmigration auch als Geschichte der Migranten zu erschließen. In allen Ländern geht es darin nicht zuletzt um die geschichtspolitische Frage nach dem legitimen Platz dieser Gruppen in der nationalen Erinnerung.[16]

Öffentliches Gedächtnis und geschichtswissenschaftliche Erforschung sind aufs engste miteinander verbunden. Das wurde neuerdings in Frankreich deutlich, wo die Regierungspolitik nach langem Zögern den Einwanderern einen symbolisch hoch bewerteten eigenen Erinnerungsort in Paris eingerichtet hat. Schließlich deckte die internationale Migrationsforschung seit den 1990er Jahren auf, in welchem Ausmaß Arbeitsmigranten als oftmals unfreiwillige Avantgarde grenzüberschreitender Globalisierungsprozesse wirken. Damit tragen sie maßgeblich zu transstaatlichen oder transnationalen Vergesellschaftungsformen und der Entstehung hybrider Kulturformen bei.[17]

Aus unserer Perspektive bietet diese Forschungslage eine überaus reizvolle Herausforderung. Wie lassen sich deren bisherige Erkenntnisse und Befunde einschreiben in die Problemgeschichte der Gegenwart? Es ist offensichtlich, daß die Geschichte der Arbeitsmigration ein wesentlicher Bestandteil der »Krise der Arbeitsgesellschaft« war und ist, welche die westeuropäischen Gesellschaften seit den 1970er Jahren kennzeichnet. In zahlreichen traditionellen Industrien waren die mediterranen Arbeitsmigranten unter den »Malochern« die Mehrheit oder zumindest eine erhebliche Minderheit. Deshalb erlebten auch türkische und marokkanische Bergleute das Ende »ihrer« Betriebe. Deshalb wurden auch türkische, algerische, italienische Arbeiter beschäftigungslos, als Bergwerke, Stahlwerke, Werften oder Textilfabriken ihre Werkstore schlossen oder radikale Rationalisierungsmaßnahmen einleiteten. Gleiches gilt für die Umstrukturierungen der westeuropäischen Automobilindustrie, die mit der Entlassung von mehr als der Hälfte ihrer Beschäftigten einherging. Fragmentierung der sozialen Gruppen bis in die Familien hinein lassen sich hier beobachten. Sie müssen mit den Erfahrungen und Lebenslagen der einheimischen Arbeiter verglichen werden. Wir formulieren die Hypothese, daß die Arbeitsmigranten und ihre Familien in zugespitzter Weise und sehr früh jene Umbrüche erlebten, welche mit der Auflösung der Nachkriegsordnung einhergingen. Deshalb sind ihre sozialen, kulturellen und religiösen Antworten auf solche »Krisen« des Arbeitsmarkts, in der Schule und den Familien für die Untersuchung von Individualisierungsprozessen, von Fragmentierungen kultureller und religiöser Sinnhorizonte sowie der Entstehung neuer Verhaltens- und Vergesellschaftungsformen dann besonders aufschlußreich, wenn die Grenzen der etablierten Migrationsforschung verlassen werden.

Die skizzierten Forschungsfelder erschließen wichtige Themen einer Zeitgeschichte seit den 1970er Jahren. Sie sind sämtlich interdisziplinär organisiert. Mit Ausnahme der Politikgeschichte dominieren in ihnen sozialwissenschaftliche Ansätze und Methoden. Zeithistorische Studien leisten auf archivalischer Basis vielfach einen Beitrag, um Trendbehauptungen zu bestätigen oder zu differenzieren. Neuland können sie jedoch erst dann betreten, wenn sie von der Makroebene zur Mikroebene übergehen. Erst dann lassen sich die Möglichkeiten multiperspektivischer, qualitativer Fallstudien nutzen, die anders als die sozialwissenschaftlichen Studien gleichen Typs längere Zeiträume und Veränderungen in den Blick nehmen.

Neue Themen einer Zeitgeschichte nach dem Boom

Über die genannten, bereits etablierten Gebiete hinaus sind für uns nun die folgenden Themenfelder von besonderem Reiz. Hier wird die neuere Forschung ansetzen und, wie wir hoffen, Impulse ins Fach vermitteln können.

1. Industrieunternehmen und industrielle Produktion

Dem Umbau der westlichen Industriegesellschaften, den Veränderungen ihrer produktiven Grundlagen haben wir im 2. Kapitel besondere Aufmerksamkeit geschenkt. So ist es nur folgerichtig, wenn wir an dieser Stelle dafür plädieren, die Unternehmensgeschichte zu beachten und nachdrücklich zu akzentuieren.[18] Viele Indikatoren verweisen darauf, daß unter den neuen Rahmenbedingungen seit 1973/74 – deutlich erhöhten Energiekosten bei anhaltend hohen Lohnkosten und wachsendem Konkurrenzdruck auf den Absatzmärkten – sich die Umstrukturierungen auf allen Ebenen der Unternehmen häuften. Insgesamt nahm das Tempo interner Anpassungen an veränderte Rahmenbedingungen in den westeuropäischen Unternehmen seit den 1980er Jahren spürbar zu. Spätestens mit der Einführung der neuen computergestützten Informationstechnologien wurden alte Ordnungen und Routinen obsolet.

Das Ende des Booms wird in der Literatur überwiegend mit der »Krise des Fordismus« erklärt. Das fordistische Produktionsregime sei in den frühen 1970er Jahren an eine kaum überschreitbare Wachstumsgrenze gestoßen, heißt es.[19] Die Großserienproduktion von langlebigen Investitions- und Konsumgütern zu sinkenden Preisen bei steigenden Löhnen und sozialstaatlicher Absicherung hatte in Westeuropa seit 1947/48 die Industrieproduktion beherrscht. Als das prominenteste Beispiel gilt die Automobilherstellung, aber das Spektrum war ja viel breiter. Es umfaßte weite Bereiche der nationalen Wirtschaft vom Maschinen- und Schiffsbau über Elektro- und Textilindustrie.[20]

Zeitgenössische Deutungen der »Krise des Fordismus« diagnostizierten weitreichende Auswirkungen auf die industrielle Arbeitswelt, auf das Profil des Sozialstaats und die grundlegenden Formen sozialer und politischer Inklusion. Die westeuropäischen Gesellschaften hätten nahezu zeitgleich die Wachstumsgrenze erreicht, weil das fordistische Produktionsregime in der westlichen Welt durchgängig verbreitet war und der Spielraum der westeuropäischen Montanindustrie seit 1960 immer mehr von den weltweiten Rohstoff- und Kapitalmärkten bestimmt wurde. Es ist jedoch zu fragen, ob die fordistische Produktionsweise eine derart einheitliche Verbreitung gefunden hatte, wie die Annahme einer überall gleichartigen Wirtschaftskrise postuliert.

Es gilt erstens zu bedenken, daß der Erfolg eines Produktionsregimes nicht allein von den wirtschaftlichen Faktoren abhängt, sondern auch vom Basiskonsens der beteiligten Akteursgruppen. Dieser wirkt sich maßgeblich auf die ökonomischen und sozialpolitischen Verteilungskämpfe aus. Die politische Einbettung einer bestimmten Produktionsweise wird von solchen Basiskompromissen beeinflußt, und das wiederum prägt das politisch-ökonomische Profil einer Epoche. So verweisen Befunde über soziale Konflikte in Westeuropa während der Krisenjahre des Fordismus auf unterschiedlich starke Legitimationsprobleme und Leistungsbilanzen dieses Produktionsregimes. Nicht nur die unterschiedlichen Varianten der anglo-atlantischen und kontinentaleuropäisch-deutschen Form von »Kapitalismus« spielten hier eine Rolle, sondern auch die interne Differenzierung im kontinentalen Westeuropa. Das legt es nahe, den seit 1970/75 einsetzenden grundlegenden Wandel der institutionellen Rahmenbedingungen industrieller Produktionsweisen in verschiedenen europäischen Ländern nicht zuletzt auf die Strategien der Rechtfertigung und Vorstellungen von Gerechtigkeit hin zu untersuchen.

Zweitens bildeten die Rolle und das Selbstverständnis des Unternehmers und Managers in den 1970er Jahren den Gegenstand einer ganz neuartigen Kritik. Aus Sicht der Reformer und der Modernisierer wurde er zum Demiurgen einer neuen dynamischen, kreativen, humaneren Welt neuer Technologien, neuer Märkte und neuer Möglichkeiten. Die Gurus des neuen Managements lernten schnell und tiefgreifend bei den Stichwortgebern der antiautoritären Kulturrevolution von 1968. Gerade die Leitfigur des Unternehmers beziehungsweise Managers wurde in den Jahrzehnten zwischen 1970 und 1990 Gegenstand intensiver Deutungskämpfe. Sie sind erst in Ansätzen erforscht. Die französische Studie von Boltanski und Chiapello zeigt, daß die Veränderungen der Diskurse den gesamten Bereich des Unternehmens betrafen.[21] So muß drittens auch danach gefragt werden, welchen Platz das Unternehmen, seine Akteure und seine Organisationsformen in den Zukunftsentwürfen der technologischen und gesellschaftlichen Umbrüche seit 1970 einnahmen. Denn es ist offensichtlich, daß noch vor jeder Änderung bürokratischer Verfahren und Hierarchien in den westeuropäischen Großunternehmen bereits ein verändertes positives Leitbild des Unternehmens als Ort der Umsetzung der neuen Informationstechnologien, als Projekt neuer Formen professioneller Arbeit und als Knotenpunkt internationaler Netzwerke existierte und zu zirkulieren begann. Schließlich beförderten die ersten Krisenphänomene der 1970er Jahre auch die Akzeptanz anderer Formen und Konzepte der Personalführung und des Managements in Großunternehmen, wie jüngst die Studie von Ruth Rosenberger gezeigt hat.[22]

Die Analyse des Wandels industrieller Produktion kann nicht vorgenommen werden, ohne viertens den Faktor Arbeit einzubeziehen. Die Industriearbeit des alten Typs nicht nur an den Fließbändern der Autoindustrie, sondern auch in den vorn beschriebenen Krisenbranchen der Montan- und Textilindustrie veränderte sich tiefgreifend oder verschwand vollständig, wenn ganze Produktionsbereiche stillgelegt wurden. Die Arbeitskräfte gerieten in die Spirale der Dequalifizierung hinein. Wir hatten den »Abschied vom Malocher« näher beschrieben: Arbeitslosigkeit bildete keine temporäre Erscheinung mehr, wie man sie von Konjunkturschwankungen her gewöhnt war, sondern die Menschen wurden jetzt schlicht nicht mehr gebraucht. Diese Entwicklung war unaufhaltsam. Auch heftige Gegenwehr änderte daran nichts. Die Bedeutung der »Maloche«, der schweren körperlichen Arbeit bei geringer Ausbildung, nahm ab, und die Anforderungen an Aus- und Weiterbildung, an Mobilität und Flexibilität der Arbeitskräfte nahmen zu. Wem es an körperlicher oder geistiger Mobilität mangelte, wer nicht über schulisches Wissen, differenzierte Ausbildung und die Bereitschaft oder Fähigkeit zur ständigen Anpassung an neue Herausforderungen verfügte, erhielt keinen einträglichen Arbeitsplatz in den neuen Industrie- und Dienstleistungsberufen. Jugendarbeitslosigkeit wurde seit der zweiten Hälfte der 1970er Jahre zu einer gesellschaftlichen Dauerbelastung der westeuropäischen Länder.

Erste Studien wie die grundlegende, den Zeithorizont der 1980er und frühen 1990er Jahre einbeziehende Untersuchung von Stéphane Beaud und Michel Pialoux zu den Veränderungen in Arbeits-

und Lebenswelt der Automobilarbeiter des Peugeot-Werkes in Sochaux-Montbéliard zeigen die tiefgreifenden Bruchlinien zwischen den verschiedenen Altersgruppen, ja Generationen von Arbeitern. Sie zeigen die Krise der gewerkschaftlichen und politischen Interessenvertretung der Arbeiter und schließlich auch die engen Verbindungen zwischen den Veränderungen im Bildungssystem seit den 1970er Jahren und den familiären Situationen innerhalb dieser Kerngruppe des fordistischen Produktionsregimes. Diese Studie gibt ein instruktives Beispiel für die Fruchtbarkeit eines Forschungsansatzes, der systematisch nach den Verknüpfungen und Wechselwirkungen zwischen inner- und außerbetrieblichen Prozessen, zwischen Arbeit und Bildung, generationsspezifischen Berufserfahrungen und politischen Haltungen fragt.[23]

Der Zugang zu den neuen qualifizierten Berufsfeldern bildete eine bis dahin unbekannte Schwelle gesellschaftlicher Inklusion und Exklusion. Ähnliche Ausschlußmechanismen erfaßten die weiteren Problemgruppen des Arbeitsmarkts – ältere Arbeitnehmer etwa oder Zuwanderer. In unserer zeithistorischen Perspektive werden die Veränderungen der Berufsfelder und Verlagerungen auf den Arbeitsmärkten sowie die Rückkehr der Arbeitslosigkeit nach Westeuropa allerdings nicht nur als »Krise der Arbeitsgesellschaft« betrachtet, wie das verschiedentlich schon geschehen ist,[24] sondern vor allem als Anstoß zur Entstehung neuer beruflich-sozialer Formationen. Eine wachsende Auffächerung von Arbeits- und Existenzbedingungen beendete in allen Ländern die lange Phase, in der kompakte soziale Schichten ihre Stellung in der Gesellschaft materiell und symbolisch verankert hatten.

2. Infrastrukturen der Wissensgesellschaft

Besondere Bedeutung in der Transformation von Industriegesellschaft kam den Verschiebungen zu, die sich als Aufbrüche zur Wissensgesellschaft bezeichnen lassen.[25] Im Kulminationspunkt des Booms um die Mitte der 1960er Jahre wurden in nahezu allen westeuropäischen Ländern weitreichende Entscheidungen zum Ausbau des Bildungssystems getroffen. Die erforderlichen Infrastrukturmaßnahmen wie der Neubau von Hochschulen sowie die Ausweitung der Schüler- und Studentenzahlen durch Stipendienprogramme und staatliche Finanzierung des Studiums begannen sich an der Schwelle zum neuen Jahrzehnt auszuwirken, als das materielle Fundament für expansive Gesellschaftspolitik des Staates allmählich unsicher wurde.[26] Während die Planung von Bildungspolitik für die hochentwickelte Industriegesellschaft in den 1960er Jahren mit Blick auf die Gegebenheiten der Boomphase und optimistische finanzielle Zukunftsprognosen ministerieller Planungsstäbe konzipiert wurde, erfolgte der Durchbruch zur Ausweitung des Bildungssystems in den 1970er Jahren im Zeichen sich drastisch verengender Spielräume der öffentlichen Hand und dramatischer Verteilungskonflikte bei öffentlichen Mitteln. Die Transformation der Industriegesellschaft des traditionellen Typs zur Wissensgesellschaft auf industrieller Grundlage setzte nach dem Boom ein.

Der Ausbau der Bildungsinstitutionen ging einher mit dem Anstieg von Wissensproduktion in allen Bereichen – von der Medizin über Ingenieurs- und Naturwissenschaften bis zu den Sozial- und Geisteswissenschaften. Überall wuchs die Zahl akademisch ausgebildeter Arbeitskräfte, und immer mehr Menschen in allen Sektoren der Wirtschaft übten wissenschaftsbasierte Tätigkeiten aus. Die Bildungsexpansion war eingebettet in den umfassenden Prozeß der Verwissenschaftlichung der sozialen Welt und stand gleichzeitig in Wechselbeziehung zu den kulturellen Umbrüchen in den westeuropäischen Gesellschaften.

Die neue Wissenskultur hat die europäische Städtelandschaft seit den 1970er Jahren tiefgreifend verändert. Zahlreiche Universitäten wurden regionalpolitisch gezielt in krisengeschüttelte Industrieviere oder in infrastrukturell schwache Regionen ohne industrielle Vergangenheit hineingegründet. Sie bewirkten dort langfristigen Struktur- und Kulturwandel. Andere Hochschulgründungen verstärkten das Profil neu aufblühender Dienstleistungsregionen als Zentren kultureller Avantgarde, und an diesem Schnittpunkt werden wir nach der Meinungsbildung über Strukturkonzepte in der Regionalpolitik, der Wirtschaft und dem Kulturbetrieb am jeweiligen Standort in verschiedenen Ländern fragen.[27]

Doch es war nicht allein die Strukturpolitik im Bildungsbereich, die dem Ziel der Wissensgesellschaft zuarbeitete, sondern auch jene andere Strukturpolitik, die aus der Not des Niedergangs im traditionellen Industriesystem geboren wurde. Wo Industrieanlagen aus der Zeit der Hochindustrialisierung zwischen 1880 und 1910 nicht mehr gebraucht wurden, setzte Verfall ein. Wo Fabriken,

Hafenanlagen oder Rangierbahnhöfe aufgelassen wurden, weil die technische Entwicklung über sie hinweg gegangen war, entstanden Industriebrachen. Sie bildeten eine Herausforderung für kommunale und regionale Verwaltungen, die sich nicht nur vor die bisweilen gigantische Herausforderung gestellt sahen, in der Situation kollabierender Betriebe und steigender Arbeitslosenzahlen das verfallende Gelände zu sichern. Vielmehr lag die Herausforderung auch darin, Strukturkonzepte für eine neuartige Nutzung solcher Plätze zu suchen. So entstanden die überwiegend nicht-akademischen, kommerziell oder öffentlich finanzierten Technologie-, Medien- und Kulturzentren. Neben den neuen Hochschulen wurden sie zu Kristallisationspunkten in der Infrastruktur der Wissensgesellschaft.[28]

So auffällig regionale und nationale Unterschiede in der ökonomischen, sozialen und kulturellen Ausstrahlung von Technologiestandorten und neuen Bildungsinstitutionen sind, so wenig wissen wir bislang über die konkreten Vernetzungen zwischen neuen Stadtkulturen, Bildungsangeboten und Arbeitsmarkt. Zweifellos entdeckte die zeitgenössische Stadtplanung Kultur, Medien und Wissenschaft als neue Ressourcen für Städte im Umbruch. Wir formulieren als These künftiger Forschung, daß die bisherigen Rohstoffe für regionale Entwicklung – seien es Kohle und Eisen, seien es landwirtschaftliche Produkte – durch den neuen Grundstoff Wissen ergänzt, wo nicht ersetzt wurde und daß sich darüber Städte sowohl in vormals industriefernen Gegenden als auch in den alten Industrieregionen herausbildeten zu Zentren neuer Produktion: Wissensproduktion.[29]

3. Konsum, Konsumgesellschaft, Konsumentengesellschaft

Wir haben im 1. Kapitel immer wieder daran erinnert, daß die Dynamik des Konsums eines der auffälligsten Bindeglieder zwischen den gesellschaftlichen Ordnungsmustern vor und nach dem Boom darstellte. Im Kulminationspunkt um die Mitte der 1960er Jahre war der Konsum zu einem Bestandteil des Alltagslebens geworden. Die Konsumgesellschaft bildete ihr Profil aus. Doch auch hier läßt sich nur wenige Jahre später der scheinbare Widerspruch beobachten, den wir als Kennzeichen des Strukturbruchs auffassen: Während die Traditionsindustrien schrumpften und die Arbeitslosigkeit wuchs, stieg das Bruttosozialprodukt kontinuierlich an und die Produktivität der Volkswirtschaft nahm nach wie vor zu. Deshalb erweiterten sich die Möglichkeiten von Konsum und Freizeit direkt parallel zum Rückgang der alten Arbeitswelt. Auch im Zeichen des Strukturwandels der Arbeitswelt wuchsen die Konsumausgaben der privaten Haushalte. Doch setzte sich die Konsumrevolution der 1960er Jahre nicht einfach auf einer höheren Stufe fort.

Bis zur Ölkrise 1973/74 und dem Umschwung auf dem Arbeitsmarkt seit 1975 hatte es einen weitgehend konformistischen Massenkonsum von Standardwaren gegeben. Das war der Konsumstil, in dem sich das fordistische Produktionsregime ganz präzise abbildete. Den Begriff der »Konsumgesellschaft« haben wir vorn auf diese Phase bezogen. Im Übergang von den 1970er zu den 1980er Jahren ließ die Ausdifferenzierung alters- und schichtenspezifischer Lebensstile die meisten westeuropäischen Länder zunehmend bunter und vielfältiger erscheinen. Das Konsum- und Modespiel der »feinen Unterschiede«[30] erzeugte ein offenes Feld von Lebensstilangeboten und Individualitätsversprechen. Diese registrierten seismographisch die wachsende Bedeutung von individuellen Bildungs-, Berufs- und Karriereentscheidungen für die soziale Selbstverortung. Moden und kulturelle Trends reagierten auf die zunehmende Bedeutung von Individualität, und sowohl das Warenangebot als auch der Konsumstil spiegelten dies wider. Die konforme Konsumgesellschaft der Boomphase veränderte sich in die individualisierte Konsumentengesellschaft.[31]

Zur selben Zeit breitete sich auch die alternative Konsumentenkultur aus, die Einflüsse der Protestbewegung aus den 1960er Jahren, ältere Spielarten der Lebensreformbewegungen aus der ersten Jahrhunderthälfte und die entstehende Umweltbewegung in sich vereinte. Deren Kritik am Massenkonsum zog eine Moralisierung von Konsum nach sich, die alsbald auf den Strukturwandel von Wirtschaft und Gesellschaft zurückwirkte. Die Warenproduktion folgte dieser Tendenz, und es dauerte nicht lange, bis die Ware selbst – zur Chiffre geronnen im ubiquitären Jutebeutel mit all seinem ethisch korrekten Inhalt – als Zeichen einer trendkonformen Moral diente. Verbreitet in den mittleren Schichten der westeuropäischen Gesellschaften, ließ die Ausrichtung an Nachhaltigkeit, ökologischen und politökonomischen Standards neue Märkte entstehen.[32]

Kritik an der omnipräsenten Kommerzialisierung führte des

weiteren zum immer schnelleren Wechsel (sub)kultureller Stile insbesondere in der Jugendkultur. Auch diese Bewegungen repräsentierten indessen denselben Haupttrend der Konsumentengesellschaft, denn auch sie integrierten den Gestus radikaler Konsumkritik in den Zyklus der Moden konsumwilliger Lebensstile.[33]

Alle Tendenzen entfalteten sich parallel zur Öffnung von Funk und Fernsehen für private Anbieter. Sie erfolgte in den westeuropäischen Ländern etwa zur selben Zeit und sticht als spektakuläres Einzelereignis aus der Komplexität des Wandels deutlich hervor. Werbefinanzierte Programme, die an Möglichkeiten von Konsum und Freizeit ausgerichtet sind, haben die Dynamik der Konsumentengesellschaft weiter beschleunigt. Wir beurteilen die neuen Entwicklungen in Konsum und Medien als Indikatoren einer sozialkulturellen Zäsur, die weder allein mediengeschichtlich noch allein konsumgeschichtlich erklärt werden kann, in der aber der revolutionäre Charakter des Wandels sichtbar wird.[34]

Zugleich ist das Janusgesicht der Epoche zu bedenken. Denn die Voraussetzung dafür, daß sich die westeuropäischen Konsumentengesellschaften überhaupt herausbildeten, bestand in der Ausweitung staatlicher Leistungen für breite Teile der Gesellschaft just zu einer Zeit, da die finanzielle Belastung der öffentlichen Haushalte drastisch zunahm. Steigende Arbeitslosigkeit, steigende Konsumerwartung und die Senkung des Rentenalters überforderten die Leistungsfähigkeit des Wohlfahrtsstaats. Doch die Standards der Konsumgesellschaft aus den 1960er Jahren wollten und sollten für die Mehrheit der Bevölkerung auch weiterhin erreichbar bleiben. Ein prominentes Beispiel gibt der Massentourismus. Wie wir sahen, gab es nach dem Ölpreisschock und der Verteuerung von Treibstoff und Energie nur einen kurzen Einbruch, bevor sich der Tourismus um so dynamischer entfaltete.[35] Am Ende des Booms hatten sich die wohlfahrtsstaatlichen und die konsumorientierten Verhaltensweisen gerade erst verfestigt, und daraus bildeten sich Ansprüche, die seit 1975/80 nicht mehr mit den materiellen Bedingungen aller sozialer Gruppen übereinstimmten.

Sämtliche Altersgruppen waren umfassend in den Umbruch der Konsumgesellschaft einbezogen. Während die Älteren gern an den standardisierten Konsumnormen der Boomphase festhielten, orientierten sich die Jüngeren an neuen Lebensstilen, an Beschleunigung und Unverbindlichkeit und einem Konsumstil des Hier und Jetzt.

Von der egalitären Verheißung, daß ein jeder die neuen Formen des Konsums praktizieren könne, wurden allerdings jene überfordert, die zu den Leidtragenden des Strukturwandels zählten. Menschen, die auf den Arbeitsmärkten überflüssig geworden waren, gerieten jetzt in die Schuldenfalle. In allen westeuropäischen Gesellschaften war das eine der wichtigsten Begleiterscheinungen der Konsumentengesellschaft und bildete ein Charakteristikum der neuen Armut nach dem Boom.

Gerade in diesem Themenbereich ist es schwierig, einen geeigneten und praktikablen Ansatzpunkt für zeitgeschichtliche Forschung zu finden. Die Objekte sind vielfältig. Die Quellenlage ist sehr disparat. Der »markante historische Widerspruch« bildet gerade auch hier einen konstitutiven Sachverhalt. In jedem Fall sind die in der zeitgenössischen Konsumforschung breit dokumentierten nationalspezifischen Differenzen in der Entwicklung des Konsums sorgfältig zu beachten. Die These des Strukturbruchs in der industriegesellschaftlichen Moderne läßt Fallstudien besonders lohnend erscheinen, welche die Dynamik der Veränderung illustrieren könnten. Das lenkt den Blick auf die hedonistischen Kulturstile der 1980er Jahre, auf die Entwicklung »alternativer«, ökologischer Konsummuster und den Bedeutungswandel bei Markennamen sowie den Produktionswandel bei Markenartikeln. Wichtig erscheint darin die positive Wertung des Alten, Vergangenen, bereits verloren Geglaubten als kommerzieller Trend. So kreierte in der Bundesrepublik die Firma Manufactum 1988 den Slogan »Es gibt sie noch, die guten Dinge« und machte daraus eine Geschäftsidee. Mit dem späteren Stammsitz in der Alten Zeche Hibernia in Waltrop repräsentierte Manufactum im Übergang von den 1990er Jahren ins 21. Jahrhundert den wertkonservativen Rückbezug auf die maschinell-manuelle Welt, die eben in diesen Jahren von der Bildfläche verschwand. Der Slogan sagte nichts anderes aus, als daß der dauernde Wechsel im Billigkonsum nicht »gut«, wenngleich vorherrschend geworden sei. Der Verkauf von »guten Dingen«, von Gebrauchsgütern aus Werkstoffen und Produktionsformen der mechanisch-maschinellen Herstellung sollte dazu beitragen, kleinere Industrieanlagen und traditionelle Handwerksbetriebe vor dem endgültigen Aus zu bewahren. Überdies aber wurde dem Billigkonsum von Plastikartikeln ein sozial elitäres »Dennoch« entgegengehalten. Das Kennzeichen dieses Modells bestand darin, daß es nicht nur Erinnerung an Gegenstände der Wiederaufbauzeit zur Ware machte, nicht nur Nostalgie materialisierte und damit den Strukturbruch konsumistisch zu überbrücken half. Vielmehr lag die Durchschlagskraft auch darin begründet, daß dieses Modell auf die Kultur der »feinen Unterschiede« bei den Wohlhabenden zielte und gleichzeitig, bisweilen ironisch verbrämt, mit dem Elitismus der neuen marktliberalen Ökonomie spielte.

4. Geschlechterordnungen und Körperbilder

Seit den 1960er Jahren ist ein grundsätzlicher Wandel in der Wahrnehmung von Körper und Geschlecht zu beobachten. Diese Veränderungen haben zahlreiche Spuren in Politik und Kultur der westeuropäischen Gesellschaften hinterlassen. Sie sind aufs engste mit wissenschaftlich-technischen Innovationen verbunden, so daß uns eine zeitgeschichtliche Auseinandersetzung mit diesem Themenfeld geboten erscheint – trotz aller Schwierigkeiten, die sich aus seiner Verschränkung mit medizin- und wissenschaftsgeschichtlichen Fragestellungen ergeben. Zeitgeschichtliche Studien sind hier auf enge Kooperation mit der Medizingeschichte und der Wissenschaftsgeschichte angewiesen – zwei Disziplinen, mit denen sich erst in den letzten beiden Jahrzehnten nähere Verbindungen ergeben haben. Das Interesse der Geschichtswissenschaft in diesem interdisziplinären Kontext gilt der veränderten kulturellen Wahrnehmung und Deskription von Körperlichkeit und der daraus resultierenden Manipulierbarkeit des Körpers als einem gesellschaftlichen Basisprozeß im revolutionären Geschehen seit dem Strukturbruch.

Als Ausgangspunkt kann der Wahrnehmungswandel in den Körperwissenschaften dienen. Endokrinologen und Immunologen ersetzten die chirurgisch, physiologisch und hygienisch geprägte Idee, der Körper funktioniere wie ein mechanischer Apparat, wie eine Maschine, durch die neue Leitvorstellung vom Körper als flexiblem, gleichsam flüssigen Organismus. Nur so nämlich könne er sich der Vielzahl von außen nicht sichtbarer Gefährdungen erwehren, mit denen er zu kämpfen habe. Die Abkehr vom Leitbild der Maschinenwelt gerade in jenen Jahren, als die Epoche der mechanischen Industrie in die der Elektronik überging, mag zufällig gewesen sein. Doch kein Zufall war es, daß der Kampf gegen AIDS seit 1982/83 massiv die neue medizinische Perspektive stützte. Parallel dazu erweiterten sich die technisch-wissenschaftlichen Möglichkeiten und medizinischen Chancen der Genetik. Die Diskussion über deren gesellschaftliche Nutzung hatte schon früh, bald nach 1960, eingesetzt. Ihre moralische Dimension wurde damals noch strikt im Erfahrungshorizont von Los Alamos und der Nutzung von Kernspaltung für kriegerische Zwecke diskutiert. Aber die technische Revolution der Mikroelektronik und das vorläufige Ende des Atomdiskurses nach dem Zerfall der Sowjetunion haben die Parameter der Genforschung wissenschaftlich und moralisch in Quantensprüngen verändert. Die Veränderungen in den Biowissenschaften verstärkten und beschleunigten die kulturellen Veränderungen in der Wahrnehmung des Körpers. Körperbilder in den Jahrzehnten nach dem Boom wurden artifiziell, experimentell und widersprüchlich.[36]

In der Konsum- und Medienwelt fallen der veränderte Umgang mit dem Körper und eine andere Wahrnehmung von Körperlichkeit besonders auf. Medien und Konsum übertrugen die neuen Perspektiven in die Alltagswelt und kommerzialisierten sie. In der Öffentlichkeit ging ihre Wirkung dahin, daß an die Stelle der Gewohnheit, die eigene Gesundheit getrost dem Arzt zu überlassen, ein neues Verhalten trat. Seit den 1980er Jahren ließ sich eine zunehmend intensive, breitenwirksame Sorge um das persönliche Wohlergehen beobachten. Wissenschaftlich induzierter Wahrnehmungswandel und ein Wandel im Bewußtsein von »Gesundheit« trafen hier zusammen. Die ältere Vorstellung von Gesundheit, die an Askese und Sport gebunden war, wurde radikalisiert und kam breitenwirksam in der Gesellschaft zur Geltung. Aus dem Sport der wenigen wurde Fitness für viele.[37] Das ging einher mit einem rasanten, medial vermittelten Bedeutungsanstieg des Massensports. Man würde zu kurz greifen, wenn man dies allein mit der vermehrten Freizeit und dem modischen *appeal* eines neuen Trends erklären wollte. Vielmehr vereinten sich die politische und mediale Bedeutung des Spitzensports mit subtileren Phänomenen, welche die zeithistorische Gesellschaftsanalyse ungeachtet aller Fußballbegeisterung der letzten Jahre bislang noch überhaupt nicht durchdacht hat.[38]

Die Manipulierbarkeit des Körpers verfestigte sich von einer Idee der Experten zur Norm der Konsumentengesellschaft. Als in der Medizin die Auffassung, daß der Körper ein mechanischer Apparat sei, durch die neue Ansicht vom flexiblen Organismus in den Hintergrund gedrängt wurde, entsprach dem im Konsumentenalltag alsbald der Übergang von Fitness zu Wellness. Neue Diättechniken entstanden, Körper wurden anders vermessen, und am Ende, in den 1990er Jahren, erweiterte sich die plastische Chirurgie von der medizinischen Therapie zur Ware für Wohlhabende. Im Schatten dieser Entwicklung setzten bereits die Debatten über den künstlichen Körper ein, der, als Roboter gedacht, von einem Computerhirn gesteuert würde.

Bereits früher lassen sich die Veränderungen auf dem Feld der Sexualität und, eng damit verbunden, der Geschlechterordnung beobachten. Der neue Wohlstand förderte seit 1960 die Ausweitung der Fernsehwerbung. Zeitschriften und Film wandten sich tabuisierten Themen zu. Leitbilder der Körperhygiene und Formen der Freizügigkeit wurden breitenwirksam, die zuvor allenfalls das Privileg sozialer Eliten, kultureller Avantgarden oder humanwissenschaftlicher Experten gewesen waren. Normen aus der Zeit nach 1945 verloren ihre Geltung. Die ausgeprägte familiäre, »bürgerliche« Ordentlichkeit der Wiederaufbaujahre hatte eine Reaktion auf die existentielle Erfahrung von Außer-Ordentlichkeit während des Krieges gebildet. Im Kulminationspunkt des Booms setzte ein tiefgreifender Wandel des geschlechtlichen Verhaltens ein und verschränkte sich mit neuen Möglichkeiten der Sexualität. Diese Entwicklung war ganz allgemein in den am Krieg beteiligten Gesellschaften des Westens von den USA bis nach Europa zu beobachten, auch östlich des Eisernen Vorhangs.[39]

Die öffentliche Darstellung von Sexualität und die Diskussion darüber veränderten eingewurzelte Gewohnheiten der Heimlichkeit und Scham. Doch bereits in den 1980er Jahren ging die Ausstrahlungskraft lustbetonter Erotik wieder zurück; Sexualität wurde anders wahrgenommen. Jetzt traten die Probleme von Geschlechterdifferenz und Gewalt oder die Akzeptanz von Gleichgeschlechtlichkeit in den Vordergrund. Die Schattenseiten von Freizügigkeit und Promiskuität rückten ins Zentrum der öffentlichen Debatten, zumal mit AIDS eine neue Bedrohung aufgetaucht war. Eine Rückkehr zu den moralischen Eingrenzungen der Sexualität aus der Zeit vor 1960 fand dennoch nicht statt.[40]

Auch die seit den 1960er Jahren in allen Ländern erstarkende Frauenbewegung wurde von diesen Umbrüchen geprägt. Der neue Feminismus stellte die als quasi naturwüchsig gedachte Geschlechterordnung mit ihren fixen Körperbildern insgesamt in Frage. Neben die Forderung nach der rechtlichen, politischen und gesellschaftlichen Gleichstellung von Mann und Frau traten die Auffassung, wo nicht Forderung, daß Körperlichkeit nicht zuletzt kulturell bedingt und deshalb auch veränderbar sei. Seit den 1980er Jahren verstärkten sich auch die Experimente zur Grenzüberschreitung oder Relativierung geschlechtsspezifischer Körperbilder, als deren dominanter Trend die *Androgynisierung* von Körperlichkeit erkennbar ist.[41]

In diesem Themenbereich wird sich die Konzentration historischer Forschung auf die zunehmende Neigung richten, den Körper zu manipulieren, oder, wo das nicht gewünscht wurde, eine Manipulation zu simulieren. Darin bündelten sich die skizzierten Entwicklungen, und es ist an der Zeit, sie mit der sozialwissenschaftlichen Theoriebildung zu Individualisierung und Flexibilisierung in Beziehung zu bringen und in die diachrone Perspektive der Jahrzehnte seit 1970 einzuordnen. Alles deutet darauf hin, daß die plötzliche Konjunktur eines androgynen Körperbildes nach 1980 nicht primär das Konstrukt der Werbung und Folge des Konsums war. Die Modetrends vom »Partnerlook« zu *casual wear* ohne geschlechtsspezifische Unterschiede dürften vielmehr in engem Wechselverhältnis stehen mit dem Wahrnehmungswandel der Körperwissenschaften im medizinischen Feld. Ein ähnlich fruchtbares Untersuchungsfeld stellen die neuen Tendenzen des Massensports und der Wandel des Fitness-Trends hin zum Wellness-Trend dar.

5. *Sinnsuche in neuen Erwartungshorizonten*

Was gilt? Was ist der Mensch? In den Jahrzehnten nach dem Boom waren diese Leitfragen aufs engste mit der Frage verbunden: Wohin treibt uns die Zeit? Wir sehen hier eine deutliche Spur der Umbrüche, welche die Zukunftserwartungen in den westeuropäischen Gesellschaften veränderten. Dies betraf sowohl die Allgemeinheit als auch den Einzelnen. Historische Untersuchungen haben es mit einem unübersichtlichen Feld zu tun.

Zum einen veränderten sich die religiösen Bedürfnisse und Praktiken der Sinnsuche. Religionswissenschaftliche Befunde weisen in verschiedene Richtungen. Seit den 1960er Jahren hat die Bindekraft der etablierten Kirchen nachgelassen, so daß Glauben ohne intensive Kirchenbindung typisch geworden ist. Dies hatte weitreichende Folgen für die Formen religiöser Praxis, aber auch die Inhalte religiöser Sinnsuche. Beides wurde viel stärker als in der Vergangenheit individualisiert. Damit verloren etablierte Orientierungsmuster an Verbindlichkeit. Schon bevor die rahmenbildende Struktur der Nachkriegsordnung an Bindekraft verlor, zeigten immer mehr Westeuropäer ein zurückgehendes Interesse an den überkommenden konfessionellen Bindungen und Sicherheiten.

Zum andern erweiterte sich das Angebot religiöser Sinnstifter und Heilsbringer. Dies schuf Raum für unerwartete Kombinationen und machte heterodoxe religiöse Deutungen attraktiv in einer Phase sozialer Umbrüche und ungewisser kollektiver wie individueller Zukunftsaussichten. Die Suche nach Orientierung vollzog sich immer weiter seitab der Gebräuche traditioneller, familiengebundener Kirchlichkeit. Sie strebte nach unmittelbarer, individueller Erfahrung von Transzendenz. Ein weites Spektrum neuer Spiritualität faltete sich auf, das von der Hinwendung zum Buddhismus und verschiedenen Formen der Meditation über christliche Mystik und New Age bis zur Esoterik reichte.[42] Die individuelle Suche nach Transzendenz wurde sogleich vom Markt erkannt und bedient, so daß sich Esoterik und Okkultismus zu einem mächtigen Geschäftszweig nicht zuletzt im digitalen Finanzmarkt-Kapitalismus entwickelten.

Deshalb gilt es aus zeithistorischer Perspektive danach zu fragen, wann sich die privaten Formen von Sinnsuche und Innerlichkeit ausgebreitet haben und in welchem Kausalitätsbezug dies zum Verharren kirchlicher Institutionen und nationaler Theologien im festen Rahmen einer versinkenden Epoche stand. Hier ergibt sich ein ebenso breites, wie methodisch und quellenmäßig schwieriges Feld für künftige Forschungen. So bieten die neuen religiösen Events, von Papstbesuchen über Kirchentage bis hin zu Jugendtreffen, vielfache Möglichkeit, die Symbiose von religiösen Angeboten und Kommunikationsformen mit spezifischen sozialen beziehungsweise psychischen Bedürfnissen zu erforschen.[43] Des weiteren lädt die Welt kirchlich ungebundener religiöser Weltdeutungen dazu ein, ihre zeitgenössischen Erfahrungshintergründe und Zukunftserwartungen näher zu analysieren.[44]

Aber es gab auch innerkirchliche Entwicklungen, die dem veränderten Bedürfnis nach Religion und Ethik in den Zeiten der

Globalisierung Ausdruck verliehen. Ein frühe, ebenso politisch wie theologisch entschiedene Antwort auf die Veränderungen versuchte das »Projekt Weltethos« zu geben, das der katholische Theologe Hans Küng 1989/90 initiierte.[45] Darin bündelten sich Impulse aus der Friedensbewegung seit 1980 mit solchen aus dem Strukturwandel seit dem Ende des großen Booms. Im Niedergang des Ostblocks entstand die Erwartung, daß jetzt eine »Kultur konstruktiver Konfliktbearbeitung auf Weltebene« an Boden gewinnen würde und ein die Weltreligionen umgreifender »Bewußtseinsschub der Menschheit« erfolgen könnte.[46] Das Weltethos-Programm trat als Initiative der Zivilgesellschaft neben die politischen Beziehungen in der Staatenwelt. Es wirkte auf diese zurück[47] und erwies sich damit als einflußreiches Orientierungsangebot eines »religiösen Kosmopolitismus«.[48] Im globalen Rahmen des »Weltethos« wurden die Religionen zueinander in Beziehung gesetzt und den Menschen unabhängig vom, aber nicht indifferent zum nationalen oder konfessionellen Rahmen ihrer Herkunft ein Angebot gemacht, sich auf die Suche nach dem »eigenen Gott« zu begeben.[49]

Diese Entwicklungen sind bisher aus theologischer, religions- oder sozialwissenschaftlicher Sicht näher betrachtet worden.[50] Die Frage nach dem historischen Bezug und den Entstehungsbedingungen einer interreligiösen Ethik wurde nicht gestellt. Wenn es in der Zukunft darum gehen wird, die verschiedenen Erscheinungsformen der Suche nach Sinn im Transformationsprozeß nach dem Strukturbruch zu untersuchen, kann sich historische Forschung nicht allein auf die Privatheitsformen und Innerlichkeit in den europäischen Ländern beschränken, wenn sie die »Wiederkehr der Götter« zu historisieren versucht,[51] sondern muß gleichfalls die ethische Dimension im transnationalen Bezug analysieren. Erst dann wird es möglich sein, die Frage nach »Fundamentalismus« zu stellen und historisch sinnvoll zu erörtern.[52]

6. Umbrüche in der Zeitdiagnose

Strukturbruch, Wandel und Beschleunigung beeinflußten gleichfalls die politische und sozialwissenschaftliche Urteilsbildung in den Jahren beginnender Verunsicherung um 1980. Die Abkehr von scheinbar verbürgten Gewißheiten reflektierte einschneidende Veränderungen, die zwar wiederum nicht an ein festes Datum zu heften sind, aber dennoch die schwindende Verbindlichkeit von Normen, Ordnungsmustern und Wertorientierungen anzeigten.[53]

Um die Eigenart der Zeitdiagnostik zu erschließen, bedarf es der geschichtswissenschaftlichen Analyse der »Postmoderne«. Wenn man versucht, den Strukturbruch zu historisieren, ist es erforderlich, in einer breiter angelegten ideengeschichtlichen Perspektive den Post-Strukturalismus zum Gegenstand zu machen. Wir hatten im 2. Kapitel schon darauf hingewiesen, daß »postmodern« zum Schlüsselwort eines Zeitempfindens wurde, welches seine Sicherheit und Selbstgewißheit aus den Jahren der Boomphase des traditionellen Industriesystems verloren hatte.[54]

Wir formulieren die Forschungshypothese, daß die kulturelle Strömung der Postmoderne und die Sozialphilosophie des Poststrukturalismus seismographisch die Absage an soziale und kulturelle Gewißheiten artikulierten, die in der Epoche des Booms als verbindlich und dauerhaft betrachtet worden waren. Eine klare Perspektive konnten diese Theoretiker jedoch nicht sichtbar machen, denn sie kamen ja selbst aus der Welt des Gestern und hatten bloß früher als andere bemerkt, daß sie verging. So verstärkte die Diskussion über die Postmoderne eher die neue Erfahrung von Unverbindlichkeit und Ungewißheit, als daß sie die Zusammenhänge erklärte. Der Poststrukturalismus der postmodernen Theoretiker war in erster Linie eine Begleiterscheinung des revolutionären Geschehens. Ob es sich auch um einen sozialphilosophischen Ansatz zu dessen Analyse handelte, erscheint durchaus zweifelhaft. Indes, das Kennzeichen dieser Philosophie war, daß ihre Protagonisten die Transformationen der industriellen Moderne nicht als Niedergang oder Verlust beschrieben, sondern in positivem Sinne die zunehmende Verflüssigung, Pluralisierung und Veränderung als den neuen Zustand herausstellten. Sie bemühten sich darum, diese Diagnose auch in ihrer Erkenntnistheorie und Philosophie zur Geltung zu bringen und entwickelten deshalb Theorien des Instabilen und Fluiden. Diese wirkten provozierend als Antithese zu den monolithischen, Dauerhaftigkeit beanspruchenden Denkmustern wie Moderne und Modernisierung, die um 1980 im intellektuellen Habitus und den Denkgewohnheiten der intellektuellen Eliten ganz überwiegend noch verbreitet war.

Für die geschichtswissenschaftliche Analyse der Zeitdiagnostik nach dem großen Boom ist es wichtig, den zeitgenössischen Anspruch und die Valenz der Gesellschaftsreflexion dieser Philosophie herauszuarbeiten. Es ging ihr nicht um die Affirmation sozialen Wandels, sondern darum, eine neue, dezidiert linke Perspektive der Gesellschaftskritik zu entwickeln, die den Anspruch erhob, daß sie der sich wandelnden Gesellschaft angepaßt war. Aus zeithistorischem Blickwinkel wird der Poststrukturalismus als Indikator der geschichtlichen Umbruchsphase erkennbar. In dieser Eigenschaft kann er dann zu den sozialwissenschaftlichen Diskussionen in Beziehung gesetzt werden.[55]

7. Wandel von Leitbegriffen

Die Konjunktur des Begriffs »postmodern« seit den 1980er Jahren und die vorschnelle Assoziation in der Öffentlichkeit, das meine nichts anderes als »anything goes«, verwies nicht zuletzt auf die Erosion ideologischer Gewißheiten. Wir hatten erörtert, daß der Rechts-Links-Gegensatz seine Geltung verlor und einen Soziologen wie Anthony Giddens dazu veranlaßte, die Theorie des »Dritten Weges« zu formulieren. Das geschah vor dem Erfahrungshintergrund der Jahre 1989/90. Öffentlich kaum beachtet, hatte aber die klassische Dichotomie in Links und Rechts, die seit der Französischen Revolution den Diskurs strukturiert hatte, bereits seit dem Ende der 1970er Jahre an politischer und sozialer Prägekraft verloren. Die Krise der Linken in Westeuropa setzte um die Mitte der 1970er Jahre ein. Parallel vollzog sich ein Gestaltwandel des Konservatismus. Am britischen Beispiel konnten wir beobachten, daß konservative Parteien jetzt die Hinwendung zu politökonomischer, marktkonformer Transformation höher veranschlagten als Traditionsbindung und eine Politik des behutsamen Bewahrens in der sich wandelnden Welt. Diese Entwicklung war seit den 1980er Jahren in Westeuropa insgesamt zu beobachten. Die Parteien büßten ihre Identität als Repräsentanten eines »rechten« oder »linken« Lagers in den Konsensgesellschaften der Boomphase ein. Nach dem Strukturbruch kamen die Wirkungen ans Licht. Als die westdeutschen Grünen 1980 ihre Bundespartei gründeten, kamen sie mit der Parole »Nicht rechts, nicht links, sondern vorn«, und obwohl sie offen waren sowohl für linke Gruppen als auch für völkische Antimodernisten, zeigte die rhetorische Abwendung von der Tradition nicht politische Indifferenz, sondern die Ungewißheit über den »richtigen« Weg in eine neue Zeit.[56]

Die Verschiebung der politisch-ideologischen Tektonik in den europäischen Gesellschaften gehört zu den Themen, die geschichtswissenschaftlich neu zu erschließen sind. Einen ersten Ansatzpunkt bieten Untersuchungen zum Wandel der historischen Semantik des Wortes »Politik«. Der Begriff des »Politischen« ist gerade seit den 1960er Jahren enorm ausgeweitet worden, so daß einerseits vor einer Überlastung der Politik und damit letztlich der »Unregierbarkeit« gewarnt wurde, während andererseits systemtheoretische Beobachter für eine »Entzauberung« der Politik eintraten.[57] Die Politisierungsdynamik hat in den Sprachen und den Erfahrungshorizonten der westeuropäischen Länder offensichtlich ganz unterschiedliche Spuren hinterlassen, dessen vergleichende Erforschung ausgesprochen vielversprechend erscheint. Methodisch und inhaltlich können neue Studien insbesondere an den Forschungen des Bielefelder Sonderforschungsbereiches 584 »Das Politische als Kommunikationsraum in der Geschichte« anknüpfen.[58]

Als zweiten Ansatzpunkt sehen wir die Erörterung von Leitbegriffen der Epoche des Booms, die für Gesellschaft und Staat, politisches Handeln, wirtschaftliches Denken und wohlfahrtsstaatliche Entwicklung zentral waren und wiederum den Zenit ihrer Bedeutung als *Leit*begriffe im Kulminationspunkt des Booms während der 1960er und frühen 1970er Jahre durchlaufen haben dürften.

Je schneller in den 1980er Jahren die Transformation der Industriegesellschaft vonstatten ging und die technische Innovation der Informatik zum Durchbruch kam, desto weniger war von *Fortschritt* die Rede. Bestand der Grund darin, daß das neue Maß technischen und kulturellen Fortschreitens dem ideologisch grundierten Fortschrittsdenken nicht mehr entsprach? Der liberal und sozial sowie konsensual verstandene Fortschritt der Boomepoche verlief im Horizont eines Zeitverständnisses, das revolutionären Wandel ablehnte zugunsten geplanter, gesteuerter Veränderung in Form von Demokratisierung, Emanzipation und Modernisierung. Solch ein Fortschritt hatte sich nach dem Strukturbruch erledigt.[59]

Der zweite Leitbegriff ist *Modernisierung* als Beschreibung für jede Form der kybernetisch konnotierten Verbesserung des politischen und sozialen Lebens. Im Zielpunkt der Modernisierung stand die Vision von rundum durchgeplanten Abläufen im Uhrwerk der Wirtschaft, Gesellschaft und des Staats. Auch hier gilt, daß gerade dann, als der Wandel revolutionäres Tempo annahm, die Modernisierung als dynamischer Leitbegriff für die Steuerung von Gesellschaft einfach verschwand. Er wurde stillgestellt. Jetzt war von Moderne die Rede oder von Zweiter Moderne, Postmoderne, Spätmoderne. In der zeithistorischen Forschung wird es darum gehen, diese Hypothese zu systematisieren: Wenn technischer, wirtschaftlicher und sozialer Wandel ein solches Tempo annehmen, daß es die Anpassungsfähigkeit des Menschen bis an die Grenzen der Belastbarkeit fordert, kommt es zu einem Ausstieg aus dem Zug der Zeit, zu Formen der Verweigerung gegenüber materiellem Wandel oder zu ideellen Konzepten der Negation zeitlicher Abläufe.[60]

Sodann ist der Leitbegriff *Nation* beziehungsweise *Nationalstaat* als politische Einheit der Industriegesellschaft zu diskutieren. Die Epoche des Booms bezog ja ein beträchtliches Maß an Stabilität und Fortschrittsgewißheit aus der Tatsache, daß die politökonomische, gesellschaftliche und auch kulturelle Entwicklung in einen festen, kalkulierbaren Rahmen eingefügt war. Das war das »stahlharte Gehäuse«, das Max Weber in seiner »protestantischen Ethik« gezeichnet hatte und auf das wiederum Andreas Wirsching Bezug nimmt, wenn er den »Geist der achtziger Jahre« beschreibt und die Tendenzen der Kultur jenes Jahrzehnts skizziert.[61]

Dieser Rahmen konnte programmatisch national gedacht werden. Er konnte aber auch, wie im westdeutschen Fall und bisweilen auch in anderen Ländern, europäisch oder gesamtwestlich gedacht werden. Die Stabilität blieb gewährleistet bis zur Entspannungspolitik. 1980 waren die klaren Konturen des westlichen Blocks im Kalten Krieg nicht mehr klar zu erkennen. Der Machtverlust des einzelnen Nationalstaats und der Bedeutungswandel von Nationalität in den Jahrzehnten nach dem Boom werden erkennbar, wenn man die zeitgenössischen Debatten um den nationalen Wirtschaftsstandort, die Privatisierung von Schlüsselbranchen oder den Protektionismus betrachtet. Untersuchungen zum Bedeutungswandel dieses Leitbegriffs müßten hier ansetzen und die Ergebnisse mit den Befunden zum veränderten Verständnis von Fortschritt und Moderne in Beziehung setzen.[62]

Schließlich gilt es, die zeitgenössische Wahrnehmung der grenzüberschreitenden, internationalen Verknüpfungen begriffsgeschichtlich zu untersuchen. Seit den 1960er Jahren veränderte und erweiterte sich in mehreren Wellen die politische Sprache internationaler Abhängigkeiten. Die festgefügten Kampfbegriffe des

Ost-West-Konflikts wurden allmählich überformt durch die neue Denkfigur des Nord-Süd-Gegensatzes. Bis in die europäische Entwicklungspolitik wirkte die Semantik des *tiersmondisme* oder des Dritte-Welt-Internationalismus hinein. Erst allmählich wurden die grenzüberschreitenden Verbindungen auch für die eigene soziale und politische Realität relevant. Begriffe wie Multikulturalismus, Globalisierung und Informationsgesellschaft gewannen teils seit den 1980er, teils seit den 1990er Jahren jene Bedeutung, die sie am Ende des 20. Jahrhunderts in den politischen Debatten der westeuropäischen Staaten erreichten.[63]

Der Versuch, die Epoche des Booms als abgeschlossene Entwicklungsphase im 20. Jahrhundert zu historisieren und zugleich nach der Eigenart der nachfolgenden Jahrzehnte zu fragen, setzt voraus, daß man die Dominanz von Leitbegriffen in der Öffentlichkeit nicht als zeitlos gültig auffaßt, sondern sie konsequent in die Spanne ihres empirisch nachweisbaren Einflusses einordnet. Gedankliche Präzision ist vonnöten, um die zeithistorische Forschung davor zu bewahren, das Geschehen in der Epoche des Booms mit denselben Begriffen zu analysieren wie das Geschehen nach dem Boom. Das würde fast unausweichlich auf eine kulturpessimistische Verlustgeschichte hinauslaufen, die Krise und Niedergang beschwören muß, weil sie den stabilen Rahmen des Fortschritts oder den Planungsoptimismus der Modernisierung nicht mehr finden kann und übersieht, daß andere Formen von Fortschritt an die Stelle traten, die den Weg in eine neue geschichtliche Epoche bezeichnen.

Anmerkungen

Vorwort

1 Vgl. das Gespräch von Niels Minkmar mit Meinhard Miegel, FAZ v. 3. Juni 2009.
2 Morten Reitmayer/Ruth Rosenberger (Hrsg.), Unternehmen am Ende des »goldenen Zeitalters«. Die 1970er Jahre in unternehmens- und wirtschaftshistorischer Perspektive, Essen 2008.
3 Nach dem Strukturbruch? Arbeitswelten im Wandel seit den 1970er Jahren, Bonn 2010.
4 Vgl. Luc Boltanski/Eve Chiapello, Der neue Geist des Kapitalismus, Konstanz 2003.
5 Manche Kritik an unseren Thesen und der Perspektive des Buchs richtete sich darauf, dass wir der Entwicklung »östlich der Elbe« nahezu keine Aufmerksamkeit schenkten. Vgl. die Rezension von Christoph Boyer, in: Sehepunkte 9, 2009, Nr. 5 (http://www.sehepunkte.de/2009/05/15519.html) [Stand vom 5. 4. 2010]. Das liegt an der forschungsstrategischen Arbeitsteilung zwischen dem Zentrum für Zeithistorische Forschung in Potsdam und unserem Verbund, weil die Geschichte Mitteleuropas und der DDR seit den 1970er Jahren unter der Leitung von André Steiner im Arbeitsbereich »Wirtschaftliche und soziale Umbrüche im 20. Jahrhundert« des ZZF behandelt wird.
6 Vgl. S. 26.
7 Vgl. die Bemerkungen von Hans Günter Hockerts in seiner Rezension vom Mai 2009, online abrufbar unter (http://www.sehepunkte.de/2009/05/15019.html) [Stand vom 5. 4. 2010].
8 Siehe die frühe Studie von Jürgen Osterhammel/Niels P. Petersson, Geschichte der Globalisierung. Dimensionen, Prozesse, Epochen, München 2003. Die amerikanische Ausgabe des damals bereits zum Standwerk avancierten Buchs trägt den Titel: Globalization. A short history, Princeton, N.J. 2005.
9 Vgl. S. 28 f.
10 Vgl. insbesondere die Mehrfachbesprechung im Forum der »Sehepunkte« vom Mai 2009. Hans Günter Hockerts, Christoph Boyer, Jens Hacke, Maren Möhring, Stephan Lessenich (http://www.sehepunkte.de/2009/05/#forum) [Stand vom 5. 4. 2010].
Sodann: Niels Freytag: Rezension zu: Doering-Manteuffel, Anselm; Raphael, Lutz: Nach dem Boom. Perspektiven auf die Zeitgeschichte seit 1970. Göttingen 2008. In: H-Soz-u-Kult, 26.03.2009, (http://hsozkult.geschichte.

hu-berlin.de/rezensionen/2009-1-248) [Stand vom 5. 4. 2010] Dietmar Süß, Chance des zweiten Blicks, in: Süddeutsche Zeitung v. 30. November 2009.

11 Jürgen Beyer, Entgrenzung und Verflechtung – die Auflösung der ›Deutschland AG‹, in: Rudolf Stichweh/Paul Windolf (Hrsg.), Inklusion und Exklusion: Analysen zur Sozialstruktur und sozialen Ungleichheit, Wiesbaden 2009, S. 303–321.

12 Zahlen in Axel Schildt/Detlef Siegfried, Deutsche Kulturgeschichte, München 2009, S. 489, S. 492.

13 Vgl. Louis Chauvel, Destin des générations, Paris 1998 ; Ders., Les classes moyennes à la dérive, Paris 2006.

14 Vgl. Ronald Hitzler u. a., Leben in Szenen. Formen jugendlicher Vergemeinschaftung heute, Wiesbaden ²2005; Wilfried Ferchhoff, Jugend und Jugendkulturen im 21. Jahrhundert, Wiesbaden 2007; Kai-Uwe Hugger (Hrsg.), Digitale Jugendkulturen, Wiesbaden 2010.

15 Oliver Nachtwey, Marktsozialdemokratie. Die Transformation von SPD und Labour Party, Wiesbaden 2009; Richard Wilkinson/ Kate Pickett, The spirit level. Why equality is better for everyone, London 2010; Tony Judt, What is Living and What is Dead in Social Democracy?, in: The New York Review of Books, 17. Dezember 2009, S. 86–96; Franz Walter, Vorwärts oder abwärts? Zur Transformation der Sozialdemokratie, Frankfurt a.M. 2010.

16 So Walter, Vorwärts oder abwärts?, S. 7–17.

17 Insbesondere bei Judt, What is Living and What is Dead in Social Democracy?

18 Vgl. Kapitel 2, S. 94–97.

19 Josef Mooser, Abschied von der »Proletarität«. Sozialstruktur und Lage der Arbeiterschaft in historischer Perspektive, in: Sozialgeschichte der Bundesrepublik. Beiträge zum Kontinuitätsproblem, hrsg. von Werner Conze/M. Rainer Lepsius, Stuttgart 1983, S. 143–186.

20 Vgl. hierzu Julia Angster, Konsenskapitalismus und Sozialdemokratie. Die Westernisierung von SPD und DGB, München 2003.

21 Matthias Micus, Die »Enkel« Willy Brandts. Aufstieg und Politikstil einer SPD-Generation, Frankfurt/New York 2005. Das waren u.a. Schröder, Lafontaine, Engholm, Scharping und Wieczorek-Zeul.

22 Simon Jenkins, Thatcher and Sons. A Revolution in Three Acts, London 2006. Vgl. vorn Kapitel 1, S. 48–52.

23 Paul Ginsborg, L'Italia del tempo presente. Famiglia, società civile, Stato 1980–1996, Turin 1998, S. 280–293, S. 471–555.

24 Massimo Florio, The Great Divestiture. Evaluating the Welfare Impact of the British Privatizations 1979–1997, Cambridge, MA 2004.

25 Um für das marode öffentliche Eigentum überhaupt Investoren zu finden, wurden in Großbritannien die Betriebe (Eisenbahn, U-Bahn, Telefon etc.) zu kalkulierten Niedrigpreisen aus staatlichem Besitz abgegeben. Die neuen privaten Eigentümer konnten damit wirtschaften und Profit machen, aber das Risiko trug weiterhin die öffentliche Hand, weil allein der Staat dazu verpflichtet ist, die Verfügbarkeit eines bestimmten Gutes wie z.B. den

Bahnverkehr für die Allgemeinheit zu jeder Zeit zu gewährleisten. So bleiben die öffentlichen Dienste, wie schlecht auch immer staatlicherseits damit gewirtschaftet wurde, als privatisierte Betriebe dennoch in der (auch finanziellen) Verantwortung der staatlichen Autoritäten. Judt, What is Living and What is Dead in Social Democracy, S. 88 f.
26 Vgl. Walter, Vorwärts oder abwärts?, S. 48 ff.
27 Walter spricht von »Kotau« und zitiert Susanne Gaschke mit der Bemerkung: »Orgie der Machtgläubigkeit«. Ebd., S. 49
28 Vgl. ebd. S. 139 f.

Einleitung

1 Hans Günter Hockerts, Zeitgeschichte in Deutschland. Begriff, Methoden, Themenfelder, in: Historisches Jahrbuch 113 (1993), S. 98–127.
2 Otto Gerhard Oexle (Hrsg.), Das Problem der Problemgeschichte 1880–1932, Göttingen 2001.
3 Manuel Castells, Das Informationszeitalter. 3 Bde., Opladen 2003–2004.
4 Paul Windolf, Was ist Finanzmarkt-Kapitalismus?, in: Ders. (Hrsg.), Finanzmarkt-Kapitalismus. Analysen zum Wandel von Produktionsregimen, Wiesbaden 2005, S. 20–57; Christoph Deutschmann, Finanzmarkt-Kapitalismus und Wachstumskrise, in: Ebd., S. 58–84.
5 Hartmut Kaelble/Günter Schmid (Hrsg.), Das europäische Sozialmodell. Auf dem Weg zum transnationalen Sozialstaat, Berlin 2004.

Kapitel 1: Strukturbruch und gesellschaftlicher Wandel im letzten Drittel des 20. Jahrhunderts

1 Wolfgang Schivelbusch, Entfernte Verwandtschaft. Faschismus, Nationalsozialismus, New Deal, München 2005. Vgl. die Detailstudie von Kiran Klaus Patel, »Soldaten der Arbeit«. Arbeitsdienste in Deutschland und den USA 1933–1945, Göttingen 2003.
2 Alan S. Milward, The Reconstruction of Western Europe 1945–1951, London 1984; Wilfried Loth, Der Weg nach Europa. Geschichte der europäischen Integration 1939–1957, Göttingen 1990.
3 Ronald Edsforth, The New Deal. America's Response to the Great Depression, Malden, MA./Oxford 2000; Alan Brinkley, The New Deal and the Idea of the State, in: Steve Fraser/Gary Gerstle (Hrsg.), The Rise and Fall of the New Deal Order, 1930–1980, Princeton, N. J. 1989, S. 85–121; Michael J. Hogan, The Marshall Plan. America, Britain, and the Reconstruction of Western Europe, 1945–1952, Cambridge 1987.
4 John Maynard Keynes, The General Theory of Employment, Interest, and Money, London 1936 [dt. 1939].

5 Othmar Nikola Haberl/Lutz Niethammer (Hrsg.), Der Marshall-Plan und die europäische Linke, Frankfurt a. M. 1986; Julia Angster, Konsenskapitalismus und Sozialdemokratie. Die Westernisierung von SPD und DGB, München 2003.
6 Richard F. Kuisel, Capitalism and the State in Modern France, Cambridge 1981; Dieter Gosewinkel, Zwischen Diktatur und Demokratie. Wirtschaftliches Planungsdenken in Deutschland und Frankreich vom Ersten Weltkrieg bis zur Mitte der 70er Jahre, Ms. Berlin 2008.
7 Douglas Brinkley (Hrsg.), Jean Monnet. The Path to European Unity, Basingstoke 1991; John Gillingham, Coal, Steel, and the Rebirth of Europe 1945–1955. The Germans and French from Ruhr Conflict to Economic Community, Cambridge 1991; Matthias Kipping, Zwischen Kartell und Konkurrenz. Der Schuman-Plan und die Ursprünge der europäischen Einigung 1944–1952, Berlin 1996.
8 Werner Abelshauser, Deutsche Wirtschaftsgeschichte seit 1945, Bonn 2004; Alexander Nützenadel, Stunde der Ökonomen. Wissenschaft, Politik und Expertenkultur in der Bundesrepublik 1949–1974, Göttingen 2005; Angster, Konsenskapitalismus und Sozialdemokratie.
9 Georg Schild, Bretton Woods und Dumbarton Oaks. American Economic and Political Postwar Planning in the Summer of 1944, New York 1995.
10 Patricia Commun, Von der deutschen Besetzung zur Europäischen Gemeinschaft für Kohle und Stahl? Lothringen und die deutsch-französische Handels- und Wirtschaftspolitik, 1931–1952, in: Thomas Sandkühler (Hrsg.), Europäische Integration. Deutsche Hegemonialpolitik gegenüber Westeuropa 1920–1960, Göttingen 2002, S. 195–221.
11 Vgl. Ludolf Herbst u. a. (Hrsg.), Vom Marshallplan zur EWG. Die Eingliederung der Bundesrepublik in die westliche Welt, München 1990; Yves Cohen/Klaus Manfrass (Hrsg.), Frankreich und Deutschland. Forschung, Technologie und industrielle Entwicklung im 19. und 20. Jahrhundert, München 1990; Franz Knipping, Rom, 25. März 1957. Die Einigung Europas, München 2004.
12 Gabriele Metzler, Konzeptionen politischen Handelns von Adenauer bis Brandt. Politische Planung in der pluralistischen Gesellschaft, Paderborn u. a. 2005; Gosewinkel, Zwischen Diktatur und Demokratie.
13 Bernhard Löffler, Soziale Marktwirtschaft und administrative Praxis. Das Bundeswirtschaftsministerium unter Ludwig Erhard, Stuttgart 2002; Metzler, Konzeptionen politischen Handelns; Nützenadel, Stunde der Ökonomen.
14 Anthony Sutcliffe, An Economic and Social History of Western Europe since 1945, London 1996; Colin Crouch, Social Change in Western Europe, Oxford 1999; Hartmut Kaelble, Sozialgeschichte Europas 1945 bis zur Gegenwart, München 2007; zur BRD: Axel Schildt/Arnold Sywottek (Hrsg.), Modernisierung im Wiederaufbau. Die westdeutsche Gesellschaft der 50er Jahre, Bonn 1993.
15 Vgl. Anselm Doering-Manteuffel, Wie westlich sind die Deutschen? Amerikanisierung und Westernisierung im 20. Jahrhundert, Göttingen 1999;

Michael Hochgeschwender, Freiheit in der Offensive? Der Kongreß für kulturelle Freiheit und die Deutschen, München 1998; Thomas Sauer, Westorientierung im deutschen Protestantismus? Vorstellungen und Tätigkeit des Kronberger Kreises, München 1999; Gudrun Kruip, Das ›Welt‹-›Bild‹ des Axel Springer Verlags. Journalismus zwischen westlichen Werten und deutschen Denktraditionen, München 1999; Angster, Konsenskapitalismus und Sozialdemokratie; Frieder Günther, Denken vom Staat her. Die bundesdeutsche Staatsrechtslehre zwischen Dezision und Integration, München 2004.

16 Kees van Kersbergen, Social Capitalism. A Study of Christian Democracy and the Welfare State, London/ New York 1995.

17 Vgl. zur westdeutschen und skandinavischen Entwicklung: Metzler, Konzeptionen politischen Handelns; Nützenadel, Stunde der Ökonomen; Thomas Etzemüller (Hrsg.), Ordnung, Ausgleich, Harmonie. *Social engineering* und »Ambivalenz der Moderne« im 20. Jahrhundert, Göttingen 2009.

18 Die Formulierung stammt von Hermann Glaser, der Druckort konnte jedoch nicht verifiziert werden. Vgl. insgesamt dazu: Ders., Die Kulturgeschichte der Bundesrepublik Deutschland. Bd. 2: Zwischen Grundgesetz und Großer Koalition 1949–1967, Frankfurt a. M. 1990.

19 Thomas P. Hughes, Die Erfindung Amerikas. Der technologische Aufstieg der USA seit 1870, München 1991, S. 190–253; Robert Boyer/Michel Freyssenet, Produktionsmodelle. Eine Typologie am Beispiel der Automobilindustrie, Berlin 2002.

20 Konrad Jarausch, Die Umkehr. Deutsche Wandlungen 1945–1995, München 2004; Edgar Wolfrum, Die geglückte Demokratie. Geschichte der Bundesrepublik von ihren Anfängen bis zur Gegenwart, Stuttgart 2006. Zur Interpretation der »langen sechziger Jahre« siehe Axel Schildt u. a. (Hrsg.), Dynamische Zeiten. Die 60er Jahre in beiden deutschen Gesellschaften, Hamburg 2000; Matthias Frese u. a. (Hrsg.), Demokratisierung und gesellschaftlicher Aufbruch. Die sechziger Jahre als Wendezeit der Bundesrepublik, Paderborn u. a. 2003.

21 Nützenadel, Stunde der Ökonomen, S. 279 ff.

22 Vgl. Detlef Siegfried, Time is on my side. Konsum und Politik in der westdeutschen Jugendkultur der 60er Jahre, Göttingen 2006; Ariane Leendertz, Ordnung schaffen. Deutsche Raumplanung im 20. Jahrhundert, Göttingen 2008; Dirk van Laak, Infra-Strukturgeschichte, in: Geschichte und Gesellschaft 27 (2001), S. 367–393; Etzemüller (Hrsg.), Ordnung, Ausgleich, Harmonie; vgl. die Überblicksskizze von Ulrich Herbert/Karin Hunn, Gastarbeiter und Gastarbeiterpolitik in der Bundesrepublik. Vom Beginn der offiziellen Anwerbung bis zum Anwerbestopp (1955–1973), in: Schildt u. a. (Hrsg.), Dynamische Zeiten, S. 311–341.

23 Auf europäischer Ebene siehe Kaelble, Sozialgeschichte Europas, S. 383–411; zur BRD vgl. die zeitgenössischen Texte von Georg Picht, Die deutsche Bildungskatastrophe, Olten/Freiburg i.Br. 1964; Ralf Dahrendorf, Bildung ist Bürgerrecht, Hamburg 1965; Willi Albrecht/Christoph Oehler, Materialien zur Entwicklung der Hochschulen 1950–1967, Hannover 1969. Die

neuere Forschung bündeln Alfons Kenkmann, Von der bundesdeutschen »Bildungsmisere« zur Bildungsreform in den 60er Jahren, in: Schildt u. a. (Hrsg.), Dynamische Zeiten, S. 402–423; Torsten Gass-Bolm, Das Gymnasium 1945–1980. Bildungsreform und gesellschaftlicher Wandel in Westdeutschland, Göttingen 2005.
Die intensive Diskussion über Erfordernis und Herausbildung von »Wissensgesellschaft« fand ihren Niederschlag in dem Buch von Daniel Bell, The Coming of Post-industrial Society. A Venture in Social Forecasting, New York 1973. Zur historischen Einordnung siehe Lutz Raphael, Die Verwissenschaftlichung des Sozialen als methodische und konzeptionelle Herausforderung für eine Sozialgeschichte des 20. Jahrhunderts, in: Geschichte und Gesellschaft 22 (1996), S. 165–193; Margit Szöllösi-Janze, Wissensgesellschaft in Deutschland. Überlegungen zur Neubestimmung der deutschen Zeitgeschichte über Verwissenschaftlichungsprozesse, in: Geschichte und Gesellschaft 30 (2004), S. 277–313.
24 Colin Crouch u. a. (Hrsg.), The Resurgence of Class Conflict in Western Europe since 1968, London 1978.
25 Sidney Tarrow, Democracy and Disorder. Protest and Politics in Italy, 1965–1975, Oxford 1989.
26 Klaus Schönhoven, Wendejahre. Die Sozialdemokratie in der Zeit der Großen Koalition 1966–1969, Bonn 2004, S. 579–685 mit einer Abbildung des Wahlplakats auf S. 589; vgl. Torben Lütjen, Karl Schiller (1911–1994). »Superminister« Willy Brandts, Bonn 2007; Tim Schanetzky, Die große Ernüchterung. Wirtschaftspolitik, Expertise und Gesellschaft 1966 bis 1982, Berlin 2007, S. 56–112, gebraucht die prägnante Formulierung: »Die Keynesianer als regierende Partei«.
27 Michael Ruck, Ein kurzer Sommer der konkreten Utopie. Zur westdeutschen Planungsgeschichte der langen 60er Jahre, in: Schildt u. a. (Hrsg.), Dynamische Zeiten, S. 362–401; Winfried Süß, »Wer aber denkt für das Ganze?«. Aufstieg und Fall der ressortübergreifenden Planung im Bundeskanzleramt, in: Frese u. a. (Hrsg.), Demokratisierung und gesellschaftlicher Aufbruch, S. 349–377; Metzler, Konzeptionen politischen Handelns, S. 289–314, S. 347–392; Nützenadel, Stunde der Ökonomen, S. 279–306.
28 Anselm Doering-Manteuffel, Westernisierung. Politisch-gesellschaftlicher Wandel in der Bundesrepublik bis zum Ende der 60er Jahre, in: Schildt u. a. (Hrsg.), Dynamische Zeiten, S. 311–341; Schönhoven, Wendejahre, S. 35–88, S. 130–149; Philipp Gassert, Kurt Georg Kiesinger 1904–1988. Kanzler zwischen den Zeiten, München 2006. Die instruktivste knappe Gesamtdarstellung stammt von Hans Günter Hockerts, Rahmenbedingungen. Das Profil der Reformära, in: Ders. (Hrsg.), Geschichte der Sozialpolitik in Deutschland seit 1945. Bd. 5: 1966–1974. Bundesrepublik Deutschland. Eine Zeit vielfältigen Aufbruchs, Baden-Baden 2006, S. 3–155.
29 Zur Regierungserklärung siehe Ebd., S. 12 ff.; vgl. Nützenadel, Stunde der Ökonomen, S. 307–343; Lütjen, Karl Schiller, S. 201–223; vgl. Joachim Samuel Eichhorn, »Mehr als einige schöne Trinksprüche«. Die Konsensstrate-

gie der ersten Großen Koalition (1966–1969), in: Zeithistorische Forschungen 3 (2006), S. 231–246.
30 Schanetzky, Die große Ernüchterung, S. 55–162.
31 Nützenadel, Stunde der Ökonomen, S. 308. – Der Jahresbericht der Bundesregierung 1967, Bonn 1968, S. 206, sprach von der »Magna Charta moderner Wirtschaftspolitik«. Hockerts, Rahmenbedingungen, S. 28; vgl. auch Georg Altmann, Planung in der Marktwirtschaft? Zur Neuausrichtung der westdeutschen Wirtschaftspolitik durch das Stabilitätsgesetz von 1967, in: Heinz-Gerhard Haupt/Jörg Requate (Hrsg.), Aufbruch in die Zukunft. Die 1960er Jahre zwischen Planungseuphorie und kulturellem Wandel. DDR, ČSSR und Bundesrepublik Deutschland im Vergleich, Weilerswist 2004, S. 31–42.
32 BGBl I, S. 582; Abelshauser, Deutsche Wirtschaftsgeschichte seit 1945, S. 410–413; Schanetzky, Die große Ernüchterung, S. 81–91.
33 Hockerts, Rahmenbedingungen.
34 Süß, »Wer aber denkt für das Ganze?«
35 Daniel Bell, The End of Ideology. On the Exhaustion of Political Ideas in the Fifties, Glencoe 1960.
36 Zu den Ausgangsbedingungen in den USA, von denen die westeuropäische Entwicklung beeinflußt wurde, siehe Chaim I. Waxman (Hrsg.), The End of Ideology Debate, New York 1968; Rebecca E. Klatch, A Generation Divided. The New Left, the New Right, and the 1960s, Berkeley u. a. 1999; zu Frankreich: Ingrid Gilcher-Holtey, Die Phantasie an die Macht. Mai 68 in Frankreich, 2. Aufl., Frankfurt a. M. 2001; René Mouriaux u. a. (Hrsg.), 1968. Exploration du mai français, 2 Bde., Paris 1992.
37 Vgl. Carole Fink u. a. (Hrsg.), 1968. The World Transformed, Cambridge 1998; Norbert Frei, 1968. Jugendrevolte und globaler Protest, München 2008; Ingrid Gilcher-Holtey (Hrsg.), 1968 – vom Ereignis zum Gegenstand der Geschichtswissenschaft, Göttingen 1998; Dies., Die 68er Bewegung. Deutschland – Westeuropa – USA, München 2005; Dies. (Hrsg.), 1968 – Vom Ereignis zum Mythos, Frankfurt a. M. 2008.
38 Crouch u. a. (Hrsg.), The Resurgence of Class Conflict in Western Europe since 1968; Tarrow, Democracy and Disorder.
39 Eric Hobsbawm, Das Zeitalter der Extreme. Weltgeschichte des 20. Jahrhunderts, München 1995, S. 402–431, S. 428.
40 Bernd Greiner, Krieg ohne Fronten. Die USA in Vietnam, Hamburg 2007; Keith L. Nelson, The Making of Détente. Soviet-American Relations in the Shadow of Vietnam, Baltimore, MD. 1995; John Lewis Gaddis, We Now Know. Rethinking Cold War History, Oxford 1997.
41 Vgl. Peter Christian Ludz, Konvergenz, Konvergenztheorie, in: Sowjetsystem und demokratische Gesellschaft. Bd. 3, Freiburg i. Br. 1969, S. 890–905; Ders. (Hrsg.), BRD – DDR. Bericht und Materialien zur Lage der Nation. Systemvergleich, Bonn 1971; Wolfgang Behr, Bundesrepublik Deutschland, Deutsche Demokratische Republik. Systemvergleich Politik, Wirtschaft, Gesellschaft. Mit einem Kapitel: Der Systemvergleich Bundesrepublik – DDR

in der politischen Bildung, Stuttgart 1979; Nützenadel, Stunde der Ökonomen, S. 175–204.
42 Vgl. Jeremi Suri, Power and Protest. Global Revolution and the Rise of Détente, Cambridge, MA./London 2003.
43 Paul Ginsborg, A History of Contemporary Italy. Society and Politics 1943–1988, London 1990.
44 Arthur Marwick, The Sixties: Cultural Revolution in Britain, France, Italy, and the United States, c.1958–c.1974, Oxford 1998.
45 Manfred G. Schmidt, Sozialpolitik in Deutschland. Historische Entwicklung und internationaler Vergleich, 3., vollst. überarb. und erw. Aufl., Wiesbaden 2005, S. 91–98.
46 Hockerts, Rahmenbedingungen, S. 102; vgl. Schanetzky, Die große Ernüchterung, S. 121 ff.
47 Andreas Aust u. a. (Hrsg.), Sozialmodell Europa. Konturen eines Phänomens, Opladen 2000.
48 Schanetzky, Die große Ernüchterung, S. 125 ff.; Nützenadel, Stunde der Ökonomen, S. 346 und passim.
49 Vgl. Ingo Pies/Martin Leschke (Hrsg.), Milton Friedmans ökonomischer Liberalismus, Tübingen 2004; Hauke Janssen, Milton Friedman und die »monetaristische Revolution« in Deutschland, Marburg 2006.
50 Daniel Yergin/Joseph Stanislaw, Staat oder Markt. Die Schlüsselfrage unseres Jahrhunderts, Frankfurt a. M./New York 1999.
51 Andrew Gamble, Hayek. The Iron Cage of Liberty, Cambridge 1996; Alan Ebenstein, Friedrich Hayek. A Biography, Chicago/London 2001; Bruce Caldwell, Hayek's Challenge. An Intellectual Biography of F. A. Hayek, Chicago/London 2004.
52 Friedrich A. Hayek, The Road to Serfdom (1944), London 2001.
53 Vgl. Richard Cockett, Thinking the Unthinkable. Think Tanks and the Economic Counter-Revolution, 1931–1983, New York 1994; Keith Dixon, Die Evangelisten des Marktes. Die britischen Intellektuellen und der Thatcherismus, Konstanz 2000; Dominik Geppert, Thatchers konservative Revolution. Der Richtungswandel der britischen Tories 1975–1979, München 2002, S. 227–317; Bernhard Walpen, Die offenen Feinde und ihre Gesellschaft. Eine hegemonietheoretische Studie zur Mont Pèlerin Society, Hamburg 2004.
54 Kaelble, Sozialgeschichte Europas, S. 299–331; Joachim Raschke, Soziale Bewegungen. Ein historisch-systematischer Grundriß, Frankfurt a. M. 1985; Dieter Rucht, Modernisierung und neue soziale Bewegungen. Deutschland, Frankreich und USA im Vergleich, Frankfurt a. M. 1994; Russell J. Dalton/Manfred Kuechler (Hrsg.), Challenging the Political Order. New Social and Political Movements in Western Democracies, Cambridge 1990.
55 Vgl. Dieter Gosewinkel u. a. (Hrsg.), Zivilgesellschaft – national und transnational, Berlin 2003; Michèle Knodt/Barbara Finke (Hrsg.), Europäische Zivilgesellschaft. Konzepte, Akteure, Strategien, Wiesbaden 2005.
56 Zum Begriff der Hochmoderne siehe Ulrich Herbert, Europe in High Mo-

dernity. Reflexions on a Theory of the 20th Century, in: Journal of Modern European History 5 (2007), S. 5–20; Lutz Raphael, Ordnungsmuster der »Hochmoderne«? Die Theorie der Moderne und die Geschichte der europäischen Gesellschaften im 20. Jahrhundert, in: Ute Schneider/Lutz Raphael (Hrsg.), Dimensionen der Moderne, Frankfurt a. M. 2008, S. 73–92; Charles S. Maier, Consigning the Twentieth Century to History. Alternative Narratives for the Modern Era, in: American Historical Review 105 (2000), S. 807–831.
57 Reinhart Koselleck, ›Erfahrungsraum‹ und ›Erwartungshorizont‹ – zwei historische Kategorien, in: Ders., Vergangene Zukunft. Zur Semantik geschichtlicher Zeiten (1975), Frankfurt a. M. 1989, S. 349–375.
58 Werner Abelshauser, Der Ruhrkohlebergbau seit 1945. Wiederaufbau, Krise, Anpassung, München 1984; Donald Reid, The Miners in Decazeville. A Genealogy of Deindustrialization, Cambridge, MA. 1985; Rainer Schulze (Hrsg.), Industrieregionen im Umbruch, Essen 1993; Clive H. Lee, Industrialization and Structural Change. Growth and Decline in the North of England, in: Ebd., S. 146–175; René Leboutte, Vie et mort des basins industriels en Europe 1750–2000, Paris 1995; Christoph Nonn, Die Ruhrbergbaukrise 1958–1969, Göttingen 2001; Bo Stråth, The Politics of De-Industrialization. The Contraction of the West-European Ship-Building Industry, London 1987; Götz Albert, Wettbewerbsfähigkeit und Krise der deutschen Schiffbauindustrie 1945–1980, Frankfurt a. M. 1998; Yves Mény/Vincent Wright (Hrsg.), The Politics of Steel. Western Europe and the Steel Industry in the Crisis Years, 1974–1984, Berlin/New York 1987; Waltraud Bierwirth/Otto König (Hrsg.), Schmelzpunkte. Stahl: Krise und Widerstand im Revier, Essen 1988; Wolfgang Hindrichs u. a. (Hrsg.), Der lange Abschied vom Malocher. Sozialer Umbruch in der Stahlindustrie und die Rolle der Betriebsräte von 1960 bis in die neunziger Jahre, Essen 2000; Stefan H. Lindner, Den Faden verloren. Die westdeutsche und französische Textilindustrie auf dem Rückzug, München 2002.
59 Jens Hohensee, Der erste Ölpreisschock 1973/74. Die politischen und gesellschaftlichen Auswirkungen der arabischen Erdölpolitik auf die Bundesrepublik Deutschland und Westeuropa, Stuttgart 1996.
60 Hindrichs u. a. (Hrsg.), Der lange Abschied vom Malocher.
61 Vgl. Wirsching, Abschied vom Provisorium, S. 236–242.
62 Pierre Bourdieu, Die feinen Unterschiede. Kritik der gesellschaftlichen Urteilskraft, Frankfurt a. M. 1982, S. 241–248.
63 Christoph Deutschmann, Postindustrielle Industriesoziologie. Theoretische Grundlagen, Arbeitsverhältnisse und soziale Identitäten, Weinheim/München 2002, S. 206–219; zur historischen Einordnung vgl. Josef Mooser, Abschied von der »Proletarität«. Sozialstruktur und Lage der Arbeiterschaft in der Bundesrepublik in historischer Perspektive, in: Werner Conze/M. Rainer Lepsius (Hrsg.), Sozialgeschichte der Bundesrepublik Deutschland. Beiträge zum Kontinuitätsproblem, Stuttgart 1983, S. 143–186.
64 Vgl. Angela Schwarz (Hrsg.), Industriekultur, Image und Identität. Die Ze-

che Zollverein und der Wandel in den Köpfen, Essen 2008; Daniela Fleiß/ Dörte Strelow, Urlaub im Schatten des Förderturms. Industriekultur als Tourismusattraktion und Hoffnungsträger, in: Ebd., S. 221–260; Alexander Kierdorf/Uta Hassler, Denkmale des Industriezeitalters. Von der Geschichte des Umgangs mit Industriekultur, Berlin 2000. In Großbritannien wurde *The International Committee for the Conservation of the Industrial Heritage* (TICCIH) 1973 in Ironbridge, England, gegründet. Das zeigt die frühe Entwicklung des Strukturwandels dort.

65 Arnaldo Bagnasco, La costruzione sociale del mercato. Studi sullo sviluppo di piccola impresa in Italia, Bologna 1988.
66 Crouch, Social Change in Western Europe, S. 102–114.
67 Jürgen Reulecke (Hrsg.), Fabrik, Familie, Feierabend. Beiträge zur Sozialgeschichte des Alltags im Industriezeitalter, Wuppertal 1978.
68 Gérard Noiriel, Vivre et lutter à Longwy, Paris 1980; Gero Fischer, »United We Stand – Divided We Fall«. Der britische Bergarbeiterstreik 1984/85, Frankfurt a. M./New York 1999; Bierwirth/König (Hrsg.), Schmelzpunkte.
69 Vgl. Dietmar Süß, Kumpel und Genossen. Arbeiterschaft und Sozialdemokratie in der bayerischen Montanindustrie 1945 bis 1976, München 2003.
70 Vgl. Martin Daunton/Matthew Hilton (Hrsg.), The Politics of Consumption. Material Culture and Citizenship in Europe and America, Oxford/New York 2001; Wolfgang König, Geschichte der Konsumgesellschaft, Stuttgart 2000.
71 Zur These der »nivellierten Mittelstandsgesellschaft« vgl. Helmut Schelsky, Wandlungen der deutschen Familie in der Gegenwart. Darstellung und Deutung einer empirisch-soziologischen Tatbestandsaufnahme, Dortmund 1953; Bourdieu, Die feinen Unterschiede.
72 Vgl. König, Geschichte der Konsumgesellschaft, S. 265–332. Dort S. 325 die Hinweise auf Fluggastzahlen, die von englischen Fluggesellschaften stammen. Zur insgesamt ähnlichen Entwicklung in Deutschland siehe Karlheinz Wöhler, Erstes und zweites Zuhause: Wohnen und Reisen, in: Werner Faulstich (Hrsg.), Die Kultur der siebziger Jahre, München 2004, S. 233–243.
73 Das zeitgenössische Problembewußtsein mit Blick auf den Riß in der Wohlstandsgesellschaft läßt besonders anschaulich der deutsche Soziologentag des Jahres 1982 erkennen. Vgl. Joachim Matthes (Hrsg.), Krise der Arbeitsgesellschaft? Verhandlungen des 21. Soziologentages in Bamberg 1982, Frankfurt a. M. 1983.
74 Vgl. Gerhard A. Ritter, Der Sozialstaat. Entstehung und Entwicklung im internationalen Vergleich, München 1989; Manfred G. Schmidt u. a. (Hrsg.), Der Wohlfahrtsstaat. Eine Einführung in den historischen und internationalen Vergleich, Wiesbaden 2007; zur englischen und deutschen Entwicklung siehe Nicholas Timmins, The Five Giants. A Biography of the Welfare State, London 1995; vgl. auch Franz-Xaver Kaufmann, Herausforderungen des Sozialstaates, Frankfurt a. M. 1997; Ders., Sozialpolitisches Denken. Die deutsche Tradition, Frankfurt a. M. 2003.
75 George Ross (Hrsg.), The Mitterand Experiment. Continuity and Change in Modern France, Oxford 1987.

76 Vgl. etwa den Bestseller des zeitgenössischen Kritikers Simon Jenkins, Thatcher and Sons. A Revolution in Three Acts, London 2006; sowie die Reflexionen darüber von Richard Wilson, Thatcherism Three, in: The Times Literary Supplement vom 15. 12. 2006.
77 Vgl. Andrew Gamble, The Free Economy and the Strong State. The Politics of Thatcherism, Durham 1988; Cockett, Thinking the Unthinkable; Geppert, Thatchers konservative Revolution; Dennis Kavanagh/Anthony Seldon (Hrsg.), The Thatcher Effect. A Decade of Change, Oxford 1989.
78 Geppert, Thatchers konservative Revolution, S. 220.
79 David Harvey, A Brief History of Neoliberalism, Oxford 2005; Irwin Stelzer (Hrsg.), Neoconservatism, London 2004.
80 Vgl. Mark Garnett, From Anger to Apathy. The British Experience since 1975, London 2007, S. 102 f. und passim.
81 Earl Aaron Reitan, The Thatcher Revolution. Margaret Thatcher, John Major, Tony Blair, and the Transformation of Modern Britain, 1979–2001, Lanham 2003.
82 Volker Bornschier, Westliche Gesellschaft. Aufbau und Wandel, Zürich 1998, S. 1–22, hier S. 13.
83 Vgl. Peter Ester u. a. (Hrsg.), The Individualizing Society. Value Change in Europe and North America, Tilburg 1993.
84 Vgl. Bernhard Santel, Migration in und nach Europa. Erfahrungen, Strukturen, Politik, Opladen 1995; Heinz Fassmann/Rainer Münz (Hrsg.), Migration in Europa. Historische Entwicklung, aktuelle Trends und politische Reaktionen, Frankfurt a. M./New York 1996; Klaus J. Bade, Europa in Bewegung. Migration vom späten 18. Jahrhundert bis zur Gegenwart, München 2000; Kaelble, Sozialgeschichte Europas, S. 239–266.
85 Manuel Castells, Die Internet-Galaxie. Internet, Wirtschaft und Gesellschaft, Wiesbaden 2005.
86 Anselm Doering-Manteuffel, Im Kampf um »Frieden« und »Freiheit«. Über den Zusammenhang von Ideologie und Sozialkultur im Ost-West-Konflikt, in: Hans Günter Hockerts (Hrsg.), Koordinaten deutscher Geschichte in der Epoche des Ost-West-Konflikts, München 2004, S. 29–48.
87 Manuel Castells, Das Informationszeitalter. Bd. 1: Der Aufstieg der Netzwerkgesellschaft. Bd. 2: Die Macht der Identität. Bd. 3: Jahrtausendwende, Opladen 2003/04; Fred Turner, From Counterculture to Cyberculture. Stewart Brand, The Whole Earth Network, and the Rise of Digital Utopianism, Chicago/London 2006.

Kapitel 2: Sozialwissenschaftliche Diagnosen des Wandels

1 Christoph Weischer, Das Unternehmen »Empirische Sozialforschung«. Strukturen, Praktiken und Leitbilder der Sozialforschung in der Bundesrepublik Deutschland, München 2004; Martin Bulmer, The Uses of Social Research. Social Investigation in Public Policy Making, London 1982; Aida Bosch u. a. (Hrsg.), Sozialwissenschaftliche Forschung und Praxis. Interdis-

ziplinäre Sichtweisen, Wiesbaden 1999; Alexander Nützenadel, Stunde der Ökonomen. Wissenschaft, Politik und Expertenkultur in der Bundesrepublik 1949–1974, Göttingen 2005.
2 Benjamin Ziemann, Katholische Kirche und Sozialwissenschaften 1945–1975, Göttingen 2007.
3 Michel Crozier, La société bloquée, Paris 1970.
4 Jean-Jacques Servan-Schreiber, Die amerikanische Herausforderung, Düsseldorf 1968.
5 Ronald Inglehart, The Silent Revolution. Changing Values and Political Styles Among Western Publics, Princeton, NJ. 1977.
6 Daniel Bell, Die nachindustrielle Gesellschaft, Reinbek 1979. Titel der amerikanischen Originalausgabe: The Coming of Post-Industrial Society. A Venture in Social Forecasting, New York 1973.
7 Daniel Bell, The End of Ideology. On the Exhaustion of Political Ideas in the Fifties, Glencoe 1960; vgl. Michael Hochgeschwender, Freiheit in der Offensive? Der Kongreß für kulturelle Freiheit und die Deutschen, München 1998, S. 466–479, S. 534–547.
8 »Das fundierteste und interessanteste Werk über die Zukunft der westlichen Industriegesellschaft«, urteilte die Neue Zürcher Zeitung über die deutsche Übersetzung, die 1975 im Campus-Verlag, Frankfurt a. M./New York, erschien. Vgl. den Titelaufdruck der Taschenbuchausgabe von 1979.
9 Inglehart, The Silent Revolution, S. 8, S. 96 ff., S. 380 und passim.
10 Vgl. Thomas Herz, Der Wandel der Welt in westlichen Industriegesellschaften, in: Kölner Zeitschrift für Soziologie und Sozialpsychologie (im folgenden: KZSS) 31 (1979), S. 282–302; Ronald Inglehart, Zusammenhang zwischen sozioökonomischen Bedingungen und individuellen Wertprioritäten, in: KZSS 32 (1980), S. 144–153; Thomas Herz, Wertewandel. Immunisierung und Abschottung, in: KZSS 33 (1981), S. 197 f. – Vgl. auch James D. Wright, The Political Consciousness of Post-Industrialism, in: Contemporary Sociology 7 (1978), S. 270–273, wo der Wert von Ingleharts empirischer Analyse im Kontrast zur ideellen Theoriebildung bei Daniel Bell akzentuiert wird.
11 Ronald Inglehart, Kultureller Umbruch. Wertwandel in der westlichen Welt, Frankfurt a. M./New York 1989. Die amerikanische Originalausgabe erschien im selben Jahr u. d. T. »Cultural Change«, Princeton, NJ.; kritische Urteile formulierten Thomas Klein, in: KZSS 43 (1991), S. 347 f.; Markus Klein, in: KZSS 47 (1995), S. 207–230; Erich H. Witte, in: KZSS 48 (1996), S. 534–541.
12 Franz Urban Pappi, Von der Stillen Revolution zum Kulturellen Umbruch. Nimmt die Dramatik des Wertewandels zu?, in: Soziologische Revue 14 (1991), S. 21–26.
13 Elisabeth Noelle-Neumann, Werden wir alle Proletarier? Wertewandel in unserer Gesellschaft, Zürich 1978. Der Abschnitt über das Fernsehen ebd., S. 72–95.
14 Vgl. Elisabeth Noelle-Neumann, Arbeit – was ist das? Abwehr und Abneigung – aber auch wachsende Fröhlichkeit, in: Frankfurter Allgemeine

Zeitung (im folgenden FAZ) vom 25. 11. 1979; Günther Gillessen, Das Glück und die Tristesse. Erkenntnisse über Meinungen und Verhalten der Deutschen von 1950 bis 1980, in: FAZ vom 22. 5. 1981; Elisabeth Noelle-Neumann, Das Nationale – ein verwahrloster Garten. Symptome einer verwandelten Gesellschaft, in: FAZ vom 16. 10. 1981.

15 Helmut Klages/Peter Kmieciak (Hrsg.), Wertwandel und gesellschaftlicher Wandel, Frankfurt a. M./New York 1979; Helmut Klages, Wertorientierungen im Wandel. Rückblick, Gegenwartsanalyse, Prognose, Frankfurt a. M./New York 1985; Ders. u. a. (Hrsg.), Werte und Wandel. Ergebnisse und Methoden einer Forschungstradition, Frankfurt a. M./New York 1992; Ders., Verlaufsanalyse eines Traditionsbruchs. Untersuchungen zum Einsetzen des Wertewandels in der Bundesrepublik Deutschland in den 60er Jahren, in: Karl Dietrich Bracher u. a. (Hrsg.), Staat und Parteien. Festschrift für Rudolf Morsey zum 65. Geburtstag, Berlin 1992, S. 517–544.

16 Ebd., S. 529, zu »Daseinskargheit«.

17 Ebd., S. 535 und passim; vgl. Ders. (Hrsg.), Werte und Wandel.

18 In der Geschichtswissenschaft taucht der »Wertewandel« in sämtlichen neueren Gesamtdarstellungen auf. Hier wird er in die Erzählung des geschichtlichen Verlaufs eingebaut und als historischer Sachverhalt postuliert. Sozialwissenschaftliche Texte werden ungeachtet ihrer Zeitgenossenschaft zum Problem mehr oder weniger konsequent als Sekundärliteratur gelesen. Die gegenwärtige Berücksichtigung des Themenfelds »Wertewandel« in zeithistorischen Texten nach der Wende zum 21. Jahrhundert deutet darauf hin, daß seit den 1990er Jahren ein weiterer Schub von Wertewandel vonstatten geht, der jetzt die Bedürfnislagen und Wertvorstellungen aus den 1970er Jahren betrifft und die Frage, was gelten wird und was gelten soll, erneut aufzuwerfen scheint. In der zeithistorischen Forschung bündeln derzeit die Arbeiten von Andreas Rödder diese Tendenz.
Vgl. Manfred Görtemaker, Geschichte der Bundesrepublik Deutschland. Von der Gründung bis zur Gegenwart, München 1999; Peter Graf Kielmansegg, Nach der Katastrophe. Eine Geschichte des geteilten Deutschland, Berlin 2000; Edgar Wolfrum, Die geglückte Demokratie. Geschichte der Bundesrepublik Deutschland von ihren Anfängen bis zur Gegenwart, Stuttgart 2006; Andreas Wirsching, Abschied vom Provisorium 1982–1990, München 2006; Hartmut Kaelble, Sozialgeschichte Europas 1945 bis zur Gegenwart, München 2007.
Vgl. insbes. Andreas Rödder, Die Bundesrepublik Deutschland 1969–1990, München 2004; Ders., Wertewandel und Postmoderne. Gesellschaft und Kultur in der Bundesrepublik Deutschland 1965–1990, Stuttgart 2004; Ders./Wolfgang Elz (Hrsg.), Alte Werte – Neue Werte. Schlaglichter des Wertewandels, Göttingen 2008.

19 Ulrich Beck, Risikogesellschaft. Auf dem Weg in eine andere Moderne, Frankfurt a. M. 1986. Zitat S. 329.

20 Ebd., S. 7, S. 10 f.

21 Vgl. die kritischen Stellungnahmen von Hartmut Esser, in: KZSS 33 (1987),

S. 806–811; Karl Otto Hondrich, Ein unsichtbarer Geist sitzt am Tisch, in: Der Spiegel, H. 21, 1987, S. 237–242. Skeptisches Verständnis lassen erkennen Hans Joas, Das Risiko der Gegenwartsdiagnose, in: Soziologische Revue 11 (1988), S. 1–6; Rainer Mackensen, Die Postmoderne als negative Utopie, in: ebd., S. 6–12. Englischsprachige Rezensionen erschienen erst nach der Übersetzung des Buchs (1992), als durch den Zusammenbruch des Ostblocks ein Perspektivenwechsel eingetreten war, und dokumentieren nicht viel mehr als herablassendes Desinteresse an europäischen Problemlagen und Unkenntnis der wissenschaftlichen Diskussion in Europa. Vgl. Elaine Draper, The Risk Society and Reflexive Modernity, in: Contemporary Sociology 22 (1993), S. 641–644; Helen Roberts, in: Sociology 27 (1993), S. 708 f.; John R. Hall, in: The Sociological Review 42 (1992), S. 344 f.
22 Vgl. hierzu vor allem Ulrich Beck/Anthony Giddens/Scott Lash, Reflexive Modernisierung. Eine Kontroverse, Frankfurt a. M. 1996.
23 Beck, Risikogesellschaft, S. 25.
24 Ebd., S. 251 ff.
25 Vgl. Ulrich Beck u. a., Testkriterien reflexiver Modernisierung, in: Ders./Wolfgang Bonß (Hrsg.), Die Modernisierung der Moderne, Frankfurt a. M. 2001, S. 38–53.
26 Dennis L. Meadows u. a., Die Grenzen des Wachstums. Bericht des Club of Rome zur Lage der Menschheit, Stuttgart 1972.
27 Ronald Hitzler, Ulrich Beck, in: Dirk Kaesler (Hrsg.), Aktuelle Theorien der Soziologie. Von Shmuel N. Eisenstadt bis zur Postmoderne, München 2005, S. 267–285, hier S. 279.
28 Jürgen Habermas, Die Moderne – ein unvollendetes Projekt. Philosophisch-politische Aufsätze 1977–1990, Leipzig 1990. Der in dieser Sammlung enthaltene Aufsatz unter eben diesem Titel stammt von 1980.
29 Vgl. Anselm Doering-Manteuffel, Nach dem Boom. Brüche und Kontinuitäten der Industriemoderne seit 1970, in: Vierteljahrshefte für Zeitgeschichte 55 (2007), S. 559–581, hier S. 578 ff.
30 Beck, Risikogesellschaft, S. 357 ff.
31 Ebd., S. 201.
32 Ebd., S. 113–248, S. 161–204.
33 Vgl. Wolfgang Welsch, Unsere postmoderne Moderne, Weinheim 1988.
34 François Dosse, Geschichte des Strukturalismus. 2 Bde., Frankfurt a. M. 1999.
35 Michel Foucault, Naissance de la biopolitique. Cours au collège de France, 1978–1979, Paris 2004; Ders., Sécurité, territoire, population. Cours au collège de France, 1977–1978, Paris 2004.
36 Robert Castel, Die Metamorphosen der sozialen Frage, Konstanz 2000.
37 Jean-François Lyotard, Das postmoderne Wissen. Ein Bericht (1979), Graz/Wien 1986.
38 Ders., Die Moderne redigieren, Bern 1988.
39 Anthony Giddens, Beyond Left and Right. The Future of Radical Politics,

Cambridge 1994. Deutsch u. d. T. Jenseits von Links und Rechts. Die Zukunft radikaler Demokratie, Frankfurt a. M. 1997.
40 Giddens, Jenseits von Links und Rechts, S. 27–42, S. 45–81 passim. Die Formulierung taucht dann auf in dem thesenhaften Buch: Anthony Giddens, Der dritte Weg. Die Erneuerung der sozialen Demokratie (1998), Frankfurt a. M. 1999, S. 26.
41 Vgl. Bob Jessop, Der Dritte Weg: Neoliberalismus mit menschlichen Zügen?, in: Sebastian Berg/André Kaiser (Hrsg.), New Labour und die Modernisierung Großbritanniens, Augsburg 2006, S. 338–366.
42 Vgl. Anthony Giddens, Leben in einer posttraditionalen Gesellschaft; Ders., Risiko, Vertrauen und Reflexivität, in: Beck/Giddens/Lash, Reflexive Modernisierung, S. 113–194, S. 316–337.
43 Vgl. Irwin Stelzer (Hrsg.), Neoconservatism, London 2004.
44 Giddens, Der dritte Weg.
45 Anthony Giddens (Hrsg.), The Global Third Way Debate, Cambridge 2001.
46 Giddens, Jenseits von Links und Rechts, S. 23 ff., S. 64–70.
47 Giddens, Jenseits von Links und Rechts, S. 23 (Globalisierung), S. 64 ff. (Neoliberalismus). Vgl. auch die Skizze über »die neoliberale Sicht« und »Globalisierung«, in: Ders., Der dritte Weg, S. 22–25, S. 40–46.
48 Vgl. Sam Pryke, Rezension zu *The Third Way*, in: Sociology 33 (1999), S. 844 ff.
49 Es werden genannt: Globalisierung, Individualisierung, Links und Rechts, Politisches Handeln, Ökologische Notwendigkeiten: Giddens, Der dritte Weg, S. 40–84.
50 Ebd., S. 59.
51 Bauman zitiert polemisch den bekannten Satz Margaret Thatchers aus einem Interview: »There is no such thing as society.« Zygmunt Bauman, Flüchtige Moderne, Frankfurt a. M. 2003, S. 79.
52 Giddens, Der Dritte Weg, S. 60–68, S. 95 (Zitat).
53 Gerhard Schröder/Tony Blair, Der Weg nach vorne für Europas Sozialdemokraten, London 1999.
54 Manuel Castells, Das Informationszeitalter. Bd. 1: Der Aufstieg der Netzwerkgesellschaft; Bd. 2: Die Macht der Identität; Bd. 3: Jahrtausendwende, Opladen 2003–2004. Die amerikanische Originalausgabe wurde 1996 veröffentlicht und 1999 überarbeitet. Die deutsche Fassung fußt auf der überarbeiteten Version.
55 Bei Castells heißt das »Informationalismus und kapitalistische *perestrojka*«. Ders., Der Aufstieg der Netzwerkgesellschaft, S. 19.
56 Vgl. Felix Stalder, Manuel Castells. The Theory of the Network Society, Cambridge 2006.
57 Vgl. Jens Beckert, Soziologische Netzwerkanalyse, in: Kaesler (Hrsg.), Aktuelle Theorien der Soziologie, S. 282–312.
58 Zygmunt Bauman, Flüchtige Zeiten. Leben in der Ungewißheit, Hamburg 2008, S. 9.

59 Castells, Der Aufstieg der Netzwerkgesellschaft, S. 27. Hervorhebung im Original.
60 Ebd., S. 83–172.
61 Castells, Der Aufstieg der Netzwerkgesellschaft, S. 173–228.
62 Ebd., S. 262–319.
63 Vgl. dazu auch Manuel Castells, Die Internet-Galaxie. Internet, Wirtschaft und Gesellschaft, Wiesbaden 2005.
64 Castells, Die Macht der Identität.
65 Ders., Jahrtausendwende.
66 Vgl. die Beiträge zu Castells' Trilogie von Peter A. Berger/Heike Kahlert, Alles ›vernetzt‹? Sozialstruktur und Identität in der ›schönen neuen Welt‹ des informationellen Kapitalismus; Dietmar Brock, Das Informationszeitalter; Nina Degele, Das Netz der Gesellschaft. Oder: Über die Produktivität löchriger Theorie, in: Soziologische Revue 27 (2004), S. 3–27. Zur Kritik des Begriffs »Identität« siehe Charles Tilly, in: American Journal of Sociology 103 (1998), S. 1730–1732.
67 Hermann Lübbe, Im Zug der Zeit. Verkürzter Aufenthalt in der Gegenwart, Berlin 1993; zitiert wird nach der 3. Auflage 2003.
68 Ebd., S. 402.
69 Paul Virilio, Rasender Stillstand, Frankfurt a. M. 1998.
70 Richard Sennett, Der flexible Mensch, Berlin 2006. Originaltitel: The Corrosion of Character, New York 1998; Ders., Die Kultur des neuen Kapitalismus, Berlin 2007; Hartmut Rosa, Beschleunigung. Die Veränderung der Zeitstruktur in der Moderne, Frankfurt a. M. 2005.
71 Bauman, Flüchtige Moderne; Ders., Flüchtige Zeiten.
72 Sennett, Der flexible Mensch, S. 15–38.
73 Rosa, Beschleunigung, S. 176–194.
74 Ebd., S. 428, wo die Antwort einer Gymnasiastin auf die Frage, worin »heute die Hauptprobleme von Jugendlichen« lägen, zitiert wird: »Keine Hoffnung für die Zukunft«.
75 Ebd., S. 195–240.
76 Vgl. ebd., S. 138–158.
77 Ebd., S. 463–468.
78 Sennett, Der flexible Mensch.
79 Ebd., S. 16–21.
80 Ebd., S. 26. Die Diagnose, die Sennett unter Bezug auf den Wirtschaftswissenschaftler Bennett Harrison stellt, wird bestätigt von Christoph Deutschmann, Die Finanzmärkte und die Mittelschichten, Ms. 2008.
81 Ebd., S. 27, S. 29.
82 Bauman, Flüchtige Moderne, S. 45.
83 Keith Dixon, Die Evangelisten des Marktes. Die britischen Intellektuellen und der Thatcherismus, Konstanz 2000.
84 Sennett, Die Kultur des neuen Kapitalismus, S. 15.

Kapitel 3: Zeithistorische Perspektiven

1 Marcel Mauss, Die Gabe, Frankfurt a. M. 1990.
2 Zuletzt Tony Judt, Die Geschichte Europas nach dem Zweiten Weltkrieg, München/Wien 2006; Harold James, Geschichte Europas, München 2006; Mark Mazower, Der dunkle Kontinent. Europa im 20. Jahrhundert, Berlin 2000.
3 Fritz W. Scharpf, Sozialdemokratische Krisenpolitik in Europa, Frankfurt a. M./New York ²1987; Wolfgang Merkel, Ende der Sozialdemokratie? Machtressourcen und Regierungspolitik im westeuropäischen Vergleich, Frankfurt a. M. 1993.
4 Alexander Nützenadel, Stunde der Ökonomen. Wissenschaft, Politik und Expertenkultur in der Bundesrepublik 1949–1974, Göttingen 2005; Gabriele Metzler, Konzeptionen politischen Handelns von Adenauer bis Brandt. Politische Planung in der pluralistischen Gesellschaft, Paderborn u. a. 2005; Tim Schanetzky, Die große Ernüchterung. Wirtschaftspolitik, Expertise und Gesellschaft in der Bundesrepublik 1966 bis 1982, Berlin 2007; Torben Lütjen, Karl Schiller (1911–1994). »Superminister« Willy Brandts, Bonn 2007.
5 Vgl. Dieter Rucht, Modernisierung und neue soziale Bewegungen. Deutschland, Frankreich und USA im Vergleich, Frankfurt a. M./New York 1994; Kristina Schulz, Der lange Atem der Provokation. Frauenbewegung in der Bundesrepublik und in Frankreich 1968–1976, Frankfurt a. M./New York 2002.
6 Siehe hierzu insbesondere Earl Aaron Reitan, The Thatcher Revolution. Margaret Thatcher, John Major, Tony Blair, and the Transformation of Modern Britain, 1979–2001, Lanham 2003; David Harvey, A Brief History of Neoliberalism, Oxford 2005.
7 Gösta Esping-Anderson (Hrsg.), Welfare States in Transition. National Adaptations in Global Economies, London 1996; Andreas Aust u. a. (Hrsg.), Sozialmodell Europa. Konturen eines Phänomens, Opladen 2000; Helmut Kaelble/Günter Schmid (Hrsg.), Das europäische Sozialmodell. Auf dem Weg zum transnationalen Sozialstaat, Berlin 2004; Franz-Xaver Kaufmann, Wohlfahrt, Arbeit und Staat unter den Bedingungen von Individualisierung und Globalisierung, in: Ders., Sozialpolitik und Sozialstaat. Soziologische Analysen, Wiesbaden 2005, S. 243–262; Manfred G. Schmidt u. a. (Hrsg.), Der Wohlfahrtsstaat. Eine Einführung in den historischen und internationalen Vergleich, Wiesbaden 2007; die wichtigste neue Fallstudie bietet: Winfried Süß, Der keynesianische Traum und sein langes Ende. Sozioökonomischer Wandel und Sozialpolitik in den siebziger Jahren, in: Konrad H. Jarausch (Hrsg.), Das Ende der Zuversicht? Die siebziger Jahre als Geschichte, Göttingen 2008, S. 116–133.
8 Hans Günter Hockerts, Vom Problemlöser zum Problemerzeuger? Der Sozialstaat im 20. Jahrhundert, in: Archiv für Sozialgeschichte 47 (2007), S. 3–29.
9 Serge Paugam (Hrsg.), L'Europe face à la pauvreté. Les expériences nationa-

les de revenu minimum, Paris 1999; Hans-Jürgen Andreß (Hrsg.), Empirical Poverty Research in a Comparative Perspective, Aldershot 1998; Duncan Gallie/Serge Paugam (Hrsg.), Welfare Regimes and the Experience of Unemployment in Europe, Oxford 2000; Duncan Gallie/Serge Paugam (Hrsg.), Social Precarity and Social Integration. Report, Luxembourg 2003; Chiara Saraceno (Hrsg.), Social Assistance Dynamics in Europe. National and Local Poverty Regimes, Bristol 2002; Serge Paugam, Poverty and Social Disqualification. A comparative Analysis of Cumulative Social Disadvantage in Europe, in: Journal of European Social Policy 6 (1996), S. 287–303.

10 Serge Paugam, Les formes élémentaires de la pauvreté, Paris 2005.

11 Vgl. jetzt das Forschungsprojekt von Winfried Süß, Zerklüfteter Wohlstand. Armut und Sozialpolitik in Großbritannien und der Bundesrepublik seit den 70er Jahren.

12 Grundlegend: Klaus J. Bade, Europa in Bewegung: Migration vom späten 18. Jahrhundert bis zur Gegenwrt, München 2002; Ders. (Hrsg.), Enzyklopädie Migration in Europa, Paderborn 2007.

13 Abdelmalek Sayad, La double absence. Des illusions de l'émigré aux souffrances de l'immigré, Paris 1999.

14 Hartmut Esser u. a. (Hrsg.), Arbeitsmigration und Integration. Sozialwissenschaftliche Grundlagen. Königstein 1979; Hans-Joachim Hoffmann-Nowotny/ Karl-Otto Hondrich, Ausländer in der Bundesrepublik Deutschland und in der Schweiz. Segregation und Integration. Eine vergleichende Untersuchung. Frankfurt a. M./New York 1982.

15 Yasemin Nuhoglu Soysal, Limits of Citizenship. Migrants and Postnational Membership in Europe, Chicago 1994; Karen Schönwälder, Einwanderung und ethnische Pluralität. Politische Entscheidungen und öffentliche Debatten in Großbritannien und der Bundesrepublik von den 50er bis zu den 70er Jahren, Essen 2001; Friedrich Heckmann/Dominique Schnapper (Hrsg.), The Integration of Immigrants in European Societies. National Differences and Trends of Convergence, Stuttgart 2003.

16 Clelia Caruso u. a. (Hrsg.), Postwar Mediterranean Migration to Western Europe. Legal and Political Frameworks, Social Mobility and Memory. Frankfurt a. M. u. a. 2008.

17 Ludger Pries (Hrsg.), Transnationale Migration. Baden-Baden 1997; Thomas Faist (Hrsg.), Transstaatliche Räume. Politik, Wirtschaft und Kultur in und zwischen Deutschland und der Türkei, Bielefeld 2000.

18 Morten Reitmayer/Ruth Rosenberger (Hrsg.), Unternehmen am Ende des goldenen Zeitalters, Essen 2008.

19 Robert Boyer/Michel Freyssenet, Produktionsmodelle. Eine Typologie am Beispiel der Automobilindustrie, Berlin 2003.

20 Steven Holliday/Jonathan Zeitlin (Hrsg.), The Automobile Industry and its Workers. Between Fordism and Flexibility, Cambridge 1986; Boyer/Freyssenet, Produktionsmodelle.

21 Luc Boltanski/Eve Chiapello, Der neue Geist des Kapitalismus, Konstanz 2003.

22 Ruth Rosenberger, Experten für Humankapital. Die Entdeckung der Personalführung in Wissenschaft und Unternehmen der Bundesrepublik Deutschland, München 2008.
23 Stéphane Beaud/Michel Pialoux, Die verlorene Zukunft der Arbeiter. Die Peugeot-Werke von Sochaux-Montbéliard, Konstanz 2004.
24 Hier ist auf das von Thomas Schlemmer federführend verantwortete Forschungsprojekt des Instituts für Zeitgeschichte in München sowie auf die von André Steiner geleitete Arbeitsgruppe am Zentrum für Zeithistorische Forschung in Potsdam zu verweisen.
25 Nico Stehr, Arbeit, Eigentum und Wissen. Zur Theorie von Wissensgesellschaften, Frankfurt a. M. 1994; Lutz Raphael, Die Verwissenschaftlichung des Sozialen als methodische und konzeptionelle Herausforderung für eine Sozialgeschichte des 20. Jahrhunderts, in: Geschichte und Gesellschaft 22 (1996), S. 165–193; Margit Szöllösi-Janze, Wissensgesellschaft in Deutschland. Überlegungen zur Neubestimmung der deutschen Zeitgeschichte über Verwissenschaftlichungsprozesse, in: Geschichte und Gesellschaft 30 (2004), S. 277–313.
26 Vgl. Ulrich Lohmar/Gerhard E. Ortner (Hrsg.), Die deutsche Hochschule zwischen Numerus clausus und Akademikerarbeitslosigkeit. Der doppelte Flaschenhals, Hannover u. a. 1975; Alois Mayr, Universität und Stadt. Ein stadt-, wirtschafts- und sozialgeographischer Vergleich alter und neuer Hochschulstandorte in der Bundesrepublik Deutschland, Paderborn 1979.
27 Mayr, Universität und Stadt; Christoph Oehler, Hochschulentwicklung in der Bundesrepublik Deutschland seit 1945, Frankfurt a. M. u. a. 1989.
28 Vgl. Rainer Schulze, Industrieregionen im Umbruch. Historische Voraussetzungen und Verlaufsmuster des regionalen Strukturwandels im europäischen Vergleich, Essen 1993; Susanne Engelbertz/Siegfried Kotthoff, Hafenstädte verändern sich – weltweit, Bremen 1998; Tobias Gerstung, Glasfaser statt Eisenbahngleis. Eine Stadt sucht ihre Zukunft – Die Geschichte des MediaParks Köln, Ms. Tübingen 2007.
29 Peter Weingart, Die Stunde der Wahrheit? Zum Verhältnis der Wissenschaft zu Politik, Wirtschaft und Medien in der Wissensgesellschaft, Weilerswist 2001.
30 Pierre Bourdieu, Die feinen Unterschiede. Kritik der gesellschaftlichen Urteilskraft, Frankfurt a. M. 1982.
31 Gerhard Schulze, Die Erlebnisgesellschaft. Kultursoziologie der Gegenwart, Frankfurt a. M. 1992; Christoph Deutschmann, Anglo-amerikanischer *Consumerism* und die Diskussion über Lebensstile in Deutschland, in: Volker R. Berghahn/Sigurt Vitols (Hrsg.), Gibt es einen deutschen Kapitalismus? Tradition und globale Perspektiven der sozialen Marktwirtschaft, Frankfurt a. M./New York 2006, S. 154–165; Joseph Heath/Andrew Potter, The Rebel Sell. How the Counterculture Became Consumer Culture. New York 2006. Der Ausdruck Konsumentengesellschaft wird entlehnt aus Zygmunt Bauman, Consuming Life, Cambridge 2007, S. 52–81.
32 Vgl. Stephan Malinowski/Alexander Sedlmaier, »1968« als Katalysator der Konsumgesellschaft. Performative Regelverstöße, kommerzielle Adaptionen

und ihre gegenseitige Durchdringung, in: Geschichte und Gesellschaft 32 (2006), S. 238–267; Gunnar Trumbull, Strategies of Consumer-Group Mobilization. France and Germany in the 1970s, in: Martin Daunton/Matthew Hilton (Hrsg.), The Politics of Consumption. Material Culture and Citizenship in Europe and America, Oxford u. a. 2001, S. 261–282.
33 Detlef Siegfried, Time is on my Side. Konsum und Politik in der westdeutschen Jugendkultur der 60er Jahre, Göttingen 2006.
34 Zu den Voraussetzungen in der Bundesrepublik vor dem Ende des Booms vgl. Christina von Hodenberg, Konsens und Krise. Eine Geschichte der westdeutschen Medienöffentlichkeit 1945–1973, Göttingen 2006; Hartmut Kaelble, Europäische Besonderheiten des Massenkonsums 1950–1990, in: Hannes Siegrist (Hrsg.), Europäische Konsumgeschichte. Zur Gesellschafts- und Kulturgeschichte des Konsums, Frankfurt a. M. 1997, S. 169–203; Wolfgang König, Geschichte der Konsumgesellschaft, Stuttgart 2000.
35 Vgl. Hasso Spode (Hrsg.), Goldstrand und Teutonengrill. Kultur- und Sozialgeschichte des Tourismus in Deutschland 1945–1989, Berlin 1996; Rüdiger Hachtmann, Tourismus-Geschichte, Göttingen 2007.
36 Philipp Sarasin/Jakob Tanner (Hrsg.), Physiologie und industrielle Gesellschaft. Studien zur Verwissenschaftlichung des Körpers im 19. und 20. Jahrhundert, Frankfurt a. M. 1998; Emily Martin, Flexible Bodies. Tracking Immunity in American Culture. From the Days of Polio to the Age of AIDS, Boston 1994; Sven Körner, Der Körper, sein ›Boom‹, die Theorie(n). Anthropologische Dimensionen zeitgenössischer Körperkonjunktur, Berlin 2002.
37 Vgl. das Forschungsprojekt von Tobias Dietrich (Trier), Lauf der Zeit. Körperleitbilder und Praktiken im Zeitalter der Kalorienangst (1960–1990). Die USA und die Bundesrepublik im Vergleich.
38 Susan K. Cahn, Coming on Strong. Gender and Sexuality in 20th-Century Women's Sport, New York 1994; Markus Lamprecht/Hanspeter Stamm, Sport zwischen Kultur, Kult und Kommerz, Zürich 2002.
39 Cahn, Coming on Strong; Volkmar Sigusch, Neosexualitäten. Über den kulturellen Wandel von Liebe und Perversion, Frankfurt a. M. 2005.
40 Martin, Flexible Bodies.
41 Vgl. Leslie Heywood/Jennifer Drake (Hrsg.), The Third Wave Agenda. Being Feminist, Doing Feminism, Minneapolis 1997.
42 Christoph Bochinger, ›New Age‹ und moderne Religion. Religionswissenschaftliche Analysen, Gütersloh 1994; Paul Heelas u. a. (Hrsg.), Religion, Modernity, and Postmodernity, Oxford u. a. 1998.
43 Vgl. Arpád von Klimó, Katholizismus und Popkultur. Beatmessen in Italien und Ungarn in den 1960er Jahren, in: Friedrich Wilhelm Graf/Klaus Große Kracht (Hrsg.), Religion und Gesellschaft. Europa im 20. Jahrhundert, Köln u. a. 2007, S. 353–374.
44 Vgl. Grace Davie, Religion in Modern Europe, Oxford 2000, Dies., Religion in Britain since 1945. Believing without Belonging, Oxford u. a. 1994; Dies./Danièle Hervieu-Léger (Hrsg.), Identités religieuses en Europe, Paris 1996; Callum G. Brown, Religion and Society in Twentieth-Century Britain, Har-

low 2006; Friedrich Wilhelm Graf, Die Wiederkehr der Götter. Religion in der modernen Kultur, München 2004.
45 Hans Küng, Projekt Weltethos, München u. a. 1990; Ders. (Hrsg.), Dokumentation zum Weltethos, München u. a. 2002.
46 Dieter Senghaas, Politische Rahmenbedingungen für Weltethos, in: Hans Küng/Karl-Josef Kuschel (Hrsg.), Wissenschaft und Weltethos, München u. a. 1998, S. 141–160, Zitate S. 157, S. 159.
47 Vgl. Hans Küng/Dieter Senghaas (Hrsg.), Friedenspolitik. Die ethischen Grundlagen internationaler Beziehungen, München u. a. 2003.
48 Ulrich Beck, Der eigene Gott. Von der Friedensfähigkeit und dem Gewaltpotential der Religionen, Frankfurt a. M. u. a. 2008, S. 93–107.
49 Ebd.
50 Vgl. Hans Joas/Klaus Wiegandt (Hrsg.), Säkularisierung und die Weltreligionen, Frankfurt a. M. 2007.
51 Graf, Die Wiederkehr der Götter.
52 Vgl. als wegweisende Studie Hans G. Kippenberg, Gewalt als Gottesdienst. Religionskriege im Zeitalter der Globalisierung, München 2008.
53 Vgl. Peter Ferdinand Drucker, The Age of Discontinuity. Guidelines to our Changing Society, New York 1969; Claus Offe, Arbeitsgesellschaft. Strukturprobleme und Zukunftsperspektiven, Frankfurt a. M. 1984; Johannes Berger (Hrsg.), Die Moderne. Kontinuitäten und Zäsuren, Göttingen 1986.
54 Vgl. die umsichtige Darstellung von Wolfgang Welsch, Unsere postmoderne Moderne, Weinheim 1987.
55 Dieses Thema wird als Dissertation in Tübingen bearbeitet: Martin Kindtner, Vernunftkritik als Gesellschaftskritik. Der französische Neostrukturalismus als Gegenwartsanalyse und politisches Projekt (1966–1984).
56 Diese Thesen werden näher entfaltet in der vor dem Abschluß stehenden Tübinger Dissertation von Silke Mende zur Geschichte der »Gründungsgrünen« in den 1970er Jahren.
57 Michel Crozier u. a., The Crisis of Democracy. Report on the Governability of Democracies to the Trilateral Commission, New York 1975; Michel Crozier, The Governability of West European Societies, Colchester 1977; Wilhelm Hennis u. a. (Hrsg.), Regierbarkeit. Studien zu ihrer Problematisierung. 2 Bde., Stuttgart 1977/79.
58 Willibald Steinmetz, Neue Wege einer historischen Semantik des Politischen, in: Ders. (Hrsg.), »Politik«. Situationen eines Wortgebrauchs im Europa der Neuzeit, Frankfurt a. M./New York 2007, S. 9–40.
59 Anselm Doering-Manteuffel, Fortschritt als Problem. Eine Schlüsselkategorie der Moderne in der politischen Geschichte des 20. Jahrhunderts, Ms. Tübingen 2008; vgl. die Fallstudie von Bernd Weiler, Die Ordnung des Fortschritts. Zum Aufstieg und Fall der Fortschrittsidee in der »jungen« Anthropologie, Bielefeld 2006.
60 Vgl. Anselm Doering-Manteuffel, Mensch, Maschine, Zeit. Fortschrittsbewußtsein und Kulturkritik im ersten Drittel des 20. Jahrhunderts, in: Jahrbuch des Historischen Kollegs 2003, München 2004, S. 91–119; Ders./Ernst

Richard Petzold, Strukturwandel und die Erosion menschlichen Zusammenhalts, in: Balint-Journal 2008. Zur Diskussion von Modernisierung und Modernisierungstheorie siehe Wolfgang Zapf (Hrsg.), Die Modernisierung moderner Gesellschaften. Verhandlungen des 25. Deutschen Soziologentages in Frankfurt am Main 1990, Frankfurt a. M./New York 1991; Hans van der Loo/Willem van Reijen, Modernisierung. Projekt und Paradox, München 1992.

61 Andreas Wirsching, Abschied vom Provisorium 1982–1990, München 2006, S. 426 und S. 767, Anm. 13.

62 Vgl. als vorbereitende Fallstudie Lutz Raphael, Von der liberalen Kulturnation zur nationalistischen Kulturgemeinschaft. Deutsche und italienische Erfahrungen mit der Nationalkultur zwischen 1800 und 1960, in: Christof Dipper (Hrsg.), Deutschland und Italien 1860–1960. Politische und kulturelle Aspekte im Vergleich, München 2005, S. 243–275; zur Entwicklung des Reflexionsstands in der Zeit nach dem Strukturbruch siehe Dieter Langewiesche, Nation, Nationalismus, Nationalstaat. Forschungsstand und Forschungsperspektiven, in: Neue Politische Literatur 40 (1995), S. 190–236; Ders., Nation, Nationalismus, Nationalstaat in Deutschland und Europa, München 2000.

63 Dominique Schnapper, La France de l'intégration. Sociologie de la nation en 1990, Paris 1991; Ulf Hannerz, Transnational Connections. Culture, People, Places, London u. a. 1996.